AF325351

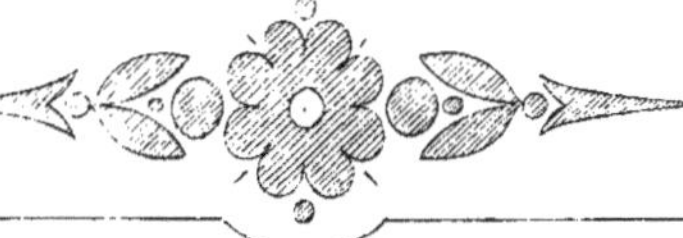

# ÉCOLE

## DU

# MUSICIEN

## ou

# SOLFÈGE

### THÉORIQUE ET PRATIQUE,

*avec Accomp.t de Piano,*

*dédié à Monsieur* **AMBROISE THOMAS,** *Membre de l'Institut,*

*Officier de la Légion d'Honneur, etc.*

*et composé*

### PAR

# LÉONCE COHEN,

*ancien Pensionnaire de l'Académie Impériale de France à Rome.*

## DIVISION DE L'OUVRAGE.

**1re PARTIE:**
*(Théorie.)*
Exposé complet des Principes de la musique, disposés de manière à permettre à l'élève de mener de front l'étude de ces principes avec celle des leçons vocales qui en sont l'application.

**2me PARTIE:**
*(Lecture musicale.)*
Leçons sur la clef de sol 2de ligne. — Etude de toutes les difficultés de rhythme, d'intonation, etc:

**3me PARTIE:**
*(Perfectionnement de la lecture musicale)*
Etude particulière des quatre clefs d'ut et des deux clefs de fa. — Leçons avec changements de clefs.

(Toutes les leçons de cet ouvrage sont écrites pour le chant dans une étendue restreinte qui les met à la portée de toutes les voix: soprano, contralto, ténor ou basse.)

## PRIX:

La 1re et la 2de Partie ensemble: 25f. La 3e Partie seule: 15f. Les trois parties réunies:.. 36f.

Solfége pour l'étude de la clef de sol contenant les principes de la musique et les leçons vocales de la 2me partie, sans l'accompagnement de piano ........................ 15f.

Le même avec les leçons vocales notées sur la clef de la 4e ligne au lieu de la clef de sol.. 15f.

## PARIS,

Editeur de Musique, 24, Boulevart Bonne Nouvelle.

# PRÉFACE.

Le Solfège est la base d'une bonne éducation musicale et, d'après l'opinion des maîtres les plus éminents, il doit en être le point de départ. En effet, l'élève qui a suivi un cours de solfège connaît déjà toutes les clefs; il a le sentiment de la mesure et de l'intonation; lorsqu'ensuite il aborde l'étude d'un instrument il fait des progrès d'autant plus rapides qu'il est moins embarrassé par la lecture musicale, et peut concentrer son attention presqu'entière sur tout ce qui a trait au mécanisme de son instrument. Or, pour se familiariser complètement avec les principes théoriques de la musique dont le solfège donne les règles, il est nécessaire de chanter des leçons vocales dans lesquelles ces principes reçoivent leur application pratique. Ne peut-on donc apprendre le solfège que lorsqu'on a véritablement de la voix, une voix puissante, étendue? Cela ne nous semble pas une condition indispensable et nous croyons que, même avec une voix très-faible et très-restreinte, il est encore possible de solfier des exercices destinés à faire de l'élève un bon lecteur et non, un chanteur. On nous objectera peut-être que presque tous les solfèges connus ont été écrits pour voix de soprano ou de ténor, de contralto ou de basse; mais nous ferons remarquer à cet égard que les meilleurs de ces solfèges ont paru en Italie, et l'on sait que dans ce magnifique pays, grâce à la richesse du climat, il n'est guère d'homme ou de femme, de vieillard ou d'enfant qui ne soit doué d'une voix plus ou moins belle, mais toujours assez développée. D'autres ouvrages, conçus d'après les mêmes données, ont été publiés également en France, mais à des époques où, la musique instrumentale étant beaucoup moins répandue chez nous qu'elle ne l'est actuellement, on n'étudiait le plus souvent le solfège que comme introduction au chant. Il n'en est plus de même aujourd'hui, et, depuis plusieurs années déjà, quelques professeurs distingués ont offert au public des solfèges dans lesquels la partie vocale est circonscrite dans des limites plus resserrées que de coutume; toutefois, ils n'ont maintenu ces limites que pour les études élémentaires et n'ont réussi qu'à éviter une trop grande fatigue à l'élève dont la voix n'a pas acquis toute son étendue: quelqu'excellent que soit ce résultat, il nous paraît encore insuffisant. Nous avons donc pensé que, tout en reconnaissant les hautes et nombreuses qualités des solfèges de Chérubini, d'Italie, du Conservatoire et de tant d'autres, nous pourrions, nous aussi, apporter notre pierre à l'édifice de l'enseignement musical et qu'en composant un solfège complet et progressif, à l'usage de toutes les voix, nous ferions un ouvrage qui serait peut être de quelqu'utilité. Pour atteindre le but que nous nous étions proposé, nous avons pris soin d'écrire cet ouvrage sans jamais faire monter le chant plus haut que le MI de la clef de sol posé entre la 4ᵉ et la 5ᵉ ligne (ou son enharmonique FA BÉMOL), ni le faire descendre plus bas que l'UT placé sous la portée (ou son enharmonique SI DIÈSE). Depuis la première leçon jusqu'à la dernière, depuis les premiers éléments du solfège jusqu'aux changements de clefs les plus difficiles, et malgré la variété que nous avons dû apporter dans le rhythme, la tonalité et le style de la mélodie, nous nous sommes renfermé invariablement dans cette dixième d'étendue et nous croyons pouvoir affirmer que, sauf de rares exceptions, il n'y a pas de voix qui ne puisse faire entendre les notes dont nous nous sommes servi; quant aux notes extrêmes que nous n'avons pu employer dans les leçons chantées, nous les faisons connaître à l'élève dans le tableau comparatif du nom et du diapason de toutes les notes sur chacune des sept clefs. (Voir les Principes théoriques, 19ᵉ leçon, page 45.)

Indiquons maintenant, en quelques mots, le plan que nous avons suivi, comme étant, selon nous, le plus rationnel et le plus propre à faire promptement un bon musicien.

Notre solfège est divisé en trois parties.

La première contient les principes théoriques de la musique. Nous avons tâché de les rendre aussi clairs et aussi complets que possible et nous les avons rédigés par paragraphes numérotés dont chacun fournit la réponse à l'une des questions placées au bas de la page et portant en tête un numéro correspondant à celui du paragraphe explicatif. De plus, persuadé, comme nous l'avons dit plus haut, qu'une corrélation intime doit exister entre l'étude des principes et celle des leçons vocales qui en sont l'application, nous avons présenté ces principes dans un ordre tel que, dès la sixième leçon, l'élève commence à solfier les premiers exercices de la deuxième partie et que, par la suite, il n'a toujours à chanter que des leçons qu'il est à même d'analyser théoriquement.

La deuxième partie est consacrée à la lecture musicale sur la clef de *sol* et comprend quatre livres. Dans les trois premiers nous initions graduellement l'élève à toutes les combinaisons de rhythme et nous l'habituons à saisir l'intonation de tous les intervalles, sans qu'il ait jamais à s'occuper à la fois que d'une seule difficulté nouvelle, tandis qu'il se fortifie en même temps dans ce qu'il a précédemment appris. Nous terminons cette deuxième partie par vingt leçons de perfectionnement, progressives et caractéristiques, écrites dans toutes les mesures et dans les vingt tons diésés et bémolisés les plus usités.

La troisième partie forme le complément de l'ouvrage et se divise en deux livres. Le premier renferme successivement des leçons sur chacune des quatre clefs d'ut et des deux clefs de fa, et le second a pour objet d'exercer l'élève à la lecture des changements de clefs, dernier degré des études du solfège. (1).

Telle est la conception générale de notre ouvrage; nous laissons à ceux qui le parcourront le

---

(1) La clef de *fa* 4ᵉ ligne étant presqu'aussi usitée que la clef de *sol*, il peut être bon de travailler ces deux clefs simultanément et dès le début des études. Les élèves qui désireraient suivre cette marche pourront se procurer l'extrait de notre *solfège théorique et pratique*, extrait dans lequel, sous le titre de *solfège pour l'étude de la clef de fa*, nous avons réuni les principes de la musique et les 250 leçons vocales de la seconde partie transposées sur cette clef. (Ce solfège est publié sans l'accompagnement de piano que l'on retrouve dans l'ouvrage principal et forme un tout complet résumant toutes les difficultés de valeurs, de mesures et d'intonation.)

(R. M.)    (S. C.)

soin de juger du plus ou moins de mérite de l'exécution, et nous dirons seulement, en finissant, que nous nous sommes appliqué à rendre l'étude du solfège attrayante en donnant un tour mélodique aux exercices les plus faciles comme aux plus difficiles; nous ajouterons encore que, si dans de certaines leçons nous avons cherché à imiter le style des grands compositeurs de toutes les époques, nous l'avons fait avec intention; espérant, par ce moyen, développer chez l'élève le sentiment artistique et l'amener à mieux sentir de lui-même le caractère particulier de tout morceau de musique. Puissions-nous être assez heureux pour avoir réussi et pour contribuer, si faiblement que ce soit, aux progrès de l'enseignement de l'art musical, cet art dont l'action est si puissante qu'elle entraîne le soldat au combat, exalte la ferveur de celui qui prie, double la joie de l'homme heureux et réunit parfois tout un peuple dans un même élan de transport et d'admiration.

**LÉONCE COHEN.**

février 1862.

# PREMIÈRE PARTIE

## PRINCIPES THÉORIQUES DE LA MUSIQUE.

## INTRODUCTION.

### NOTIONS PRÉLIMINAIRES.

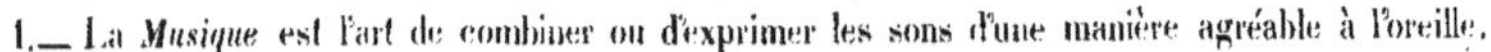

1.—La *Musique* est l'art de combiner ou d'exprimer les sons d'une manière agréable à l'oreille.

2.—Le *son* est le résultat des vibrations d'un corps sonore. Plus ces vibrations sont fréquentes, plus le son est *aigu*; plus elles sont lentes, plus le son devient *grave*.—Un son *musical* est celui dont on peut apprécier le degré de gravité ou d'élévation et qui a son rang marqué dans l'échelle musicale.

3.—On entend par *échelle musicale* l'ensemble de tous les sons musicaux se succédant depuis le plus grave jusqu'au plus aigu.

4.—Il y a en tout 85 sons musicaux dont on peut se rendre compte en frappant les différentes touches d'un piano de sept octaves; le clavier de cet instrument représentant exactement l'échelle musicale.

5.—La musique est *vocale* ou *instrumentale*, selon que les sons musicaux sont produits avec la voix ou sur un instrument.

6.—On appelle *mélodie* un certain nombre de sons entendus les uns après les autres et formant un chant propre à flatter l'oreille.

7.—L'*harmonie* est le produit d'un ensemble de sons entendus simultanément et disposés selon des lois spéciales qui constituent la science harmonique.

(Dans un morceau écrit pour plusieurs voix, pour plusieurs instruments ou pour des voix et des instruments réunis, l'harmonie sert toujours d'accompagnement à la mélodie ou *chant principal* sans lequel le morceau serait dépourvu de tout intérêt.)

### DES PRINCIPES THÉORIQUES DE LA MUSIQUE.

8.—On désigne sous le nom de *principes théoriques de la musique* l'ensemble des règles qui régissent cet art.

9.—Ces règles ont pour objet:

   1°. la *notation* ou manière d'écrire les sons;

   2°. l'*intonation* qui est l'art de les reproduire exactement, c'est-à-dire de jouer ou de chanter avec justesse;

   3°. les *valeurs* qui en indiquent la durée;

   4°. l'*intensité* ou force plus ou moins grande avec laquelle on doit les exécuter.

10.—Lorsqu'on veut devenir musicien il faut avant tout apprendre le solfège.

11.—On entend par *solfège* les principes théoriques de la musique et l'application pratique que l'on en fait, en chantant des leçons vocales qui prennent elles mêmes le nom de *solféges* et dans lesquelles sont présentées successivement toutes les difficultés de la lecture musicale.

(L'ouvrage qui renferme ces leçons s'appelle également solfège.)

---

<table>
<tr><td>1. Qu'est-ce que la musique?</td><td>5. Qu'est-ce que la musique vocale et la musique instrumentale?</td></tr>
<tr><td>2. Qu'est-ce que le son?—Quelle remarque peut-on faire sur les vibrations d'un corps sonore, par rapport au son qu'elles produisent?—Qu'est-ce qu'un son musical?</td><td>6. Qu'est-ce que la mélodie?</td></tr>
<tr><td></td><td>7. Qu'est-ce que l'harmonie?</td></tr>
<tr><td></td><td>8. Qu'entend-on par principes théoriques de la musique?</td></tr>
<tr><td>3. Qu'entend-on par échelle musicale?</td><td>9. Qu'est-ce que la notation, l'intonation, les valeurs et l'intensité?</td></tr>
<tr><td>4. Combien il y a-t-il de sons musicaux et comment peut-on se rendre compte de leur effet?</td><td>10. Par quoi doit-on commencer l'étude de la musique?</td></tr>
<tr><td></td><td>11. Qu'est-ce que le solfège et quelles sont les diverses acceptions de ce mot?</td></tr>
</table>

(R. M.)     (S. C.)

# 1<sup>re</sup> LEÇON.

## NOTATION MUSICALE. — DES NOTES. — DE LA PORTÉE. — NOTIONS GÉNÉRALES SUR LES CLEFS.
### ÉTUDE PARTICULIÈRE DE LA CLEF DE SOL 2<sup>de</sup> LIGNE.

**12.** — On écrit la musique avec des caractères appelés *notes*.

**13.** — Les notes se placent sur les lignes, ou dans les interlignes de la portée.

**14.** — On nomme *Portée* cinq lignes parallèles tirées horizontalement et qui se comptent de bas en haut.

## Portée.

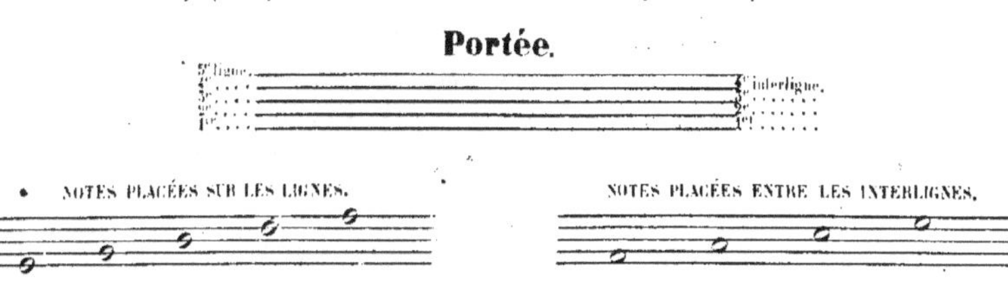

## DES LIGNES ADDITIONNELLES.

**15.** — Les notes plus aiguës ou plus graves que celles renfermées dans l'espace de la portée s'écrivent au moyen de petites lignes *additionnelles* tirées au dessus ou au dessous de la portée.

**16.** — Il faut remarquer que les sons sont d'autant plus aigus qu'ils s'écrivent vers le haut de la portée ou au dessus et d'autant plus graves qu'ils se rapprochent du bas ou s'écrivent au dessous.

## NOMS ET NOMBRE DES NOTES.

**17.** — Il y a sept notes que l'on appelle: *Ut* ou *do, ré, mi, fa, sol, la, si, (a)*.

(Ce n'est qu'en solfiant, c'est-à-dire lorsque l'on chante en nommant les notes, que l'on donne à la 1<sup>re</sup> le nom de *do*.)

**18.** — En Allemagne et dans quelques autres pays on désigne les notes par les premières lettres de l'alphabet et l'on dit:

*C, D, E, F, G, A, B* ou *H (b)*

au lieu de

ut, ré, mi, fa, sol, la, si.

---

*(a)* GUY D'AREZZO, moine bénédictin qui vivait à Ferrare au commencement du 11<sup>e</sup> siècle, trouva dans une hymne latine les noms des six premières notes. La septième, le *si*, ne fut ajoutée aux autres que beaucoup plus tard. C'est aussi Guy d'Arezzo qui imagina la portée.

*(b)* La connaissance de ces dénominations est nécessaire pour pouvoir lire les partitions des maîtres allemands qui emploient souvent des indications telles que: *Corno in G* (cor en sol). *Clarino in A* (clarinette en la), etc.

---

12. Comment écrit-on la musique?

13. Où pose-t-on les notes?

14. Qu'est-ce que la portée?

15. À quoi servent les lignes additionnelles?

16. Que remarquez-vous à l'égard de la position des notes placées dans la portée, au dessus ou au dessous?

17. Combien y a-t-il de notes et comment les nomme-t-on? — Dans quel cas faut-il dire do pour ut? — Qu'est-ce que solfier?

18. Les noms des notes sont-ils les mêmes dans tous les pays?

(R. M.)    (S. C.)

## NOTIONS GÉNÉRALES SUR LES CLEFS. — DE LEURS NOMS ET DE LEUR NOMBRE.

**19.** — Une *clef* est un signe que l'on met au commencement de la portée et qui donne son nom à la note posée sur la même ligne.

**20.** — Il y a sept clefs qui sont:

La clef de *sol* 2*e* *ligne* qui donne le nom de sol à la note placée sur la **2e** ligne;
La clef d'*ut* 1*re* *ligne* qui donne le nom d'ut à la note placée sur la **1re** ligne;
La clef d'*ut* 2*me* *ligne* qui donne le nom d'ut à la note placée sur la **2me** ligne;
La clef d'*ut* 3*me* *ligne* qui donne le nom d'ut à la note placée sur la **3me** ligne;
La clef d'*ut* 4*me* *ligne* qui donne le nom d'ut à la note placée sur la **4me** ligne;
La clef de *fa* 3*me* *ligne* qui donne le nom de fa à la note placée sur la **3me** ligne;
La clef de *fa* 4*me* *ligne* qui donne le nom de fa à la note placée sur la **4me** ligne.

### FIGURE ET POSITION DES 7 CLEFS.

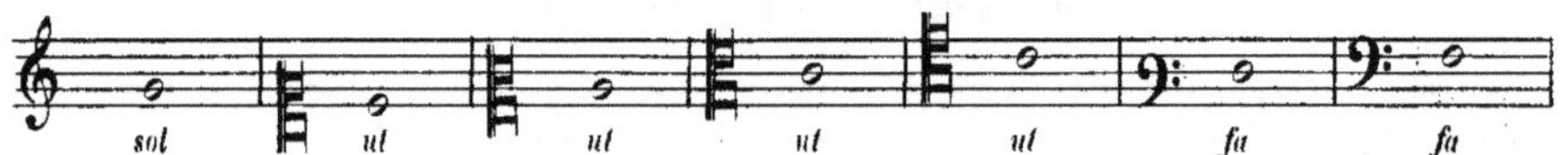



### DE LA CLEF DE SOL 2de LIGNE.

**21.** — La plus usitée des sept clefs est celle de sol 2de ligne. Voici le tableau de toutes les notes que l'on peut employer lorsqu'on s'en sert:

**22.** — On remarquera d'après ce tableau que certaines notes, bien que placées différemment, reçoivent néanmoins le même nom, (Voir pourquoi au N° 105.) Ainsi, l'on rencontre:

On écrit encore sur la clef de sol les quatre notes suivantes



, mais on ne les emploie que très rarement à cause du grand nombre de lignes additionnelles qu'elles exigent *(a)*

---

*(a)* Les notions générales que nous venons de donner sur les clefs se trouveront complétées par les 19e et 20e leçons.

**19.** Qu'est-ce qu'une clef?
**20.** Combien y a-t-il de clefs? — Quelles sont-elles et sur quelles lignes de la portée les place-t-on?
**21.** Quelle est la plus usitée de toutes? — Faites le tableau de toutes les notes que l'on peut écrire sur la clef de sol 2de ligne.
**22.** Peut-on donner le même nom à des notes occupant des places différentes? — Combien d'ut peut-on écrire sur la clef de sol? — Combien de ré; de mi; de fa; de sol; de la; de si?

# 2ᵐᵉ LEÇON.

### DES VALEURS. — DE LEURS NOMS ET DE LEUR NOMBRE.

**23.** — On a déjà vu (10) qu'on entend par *valeur* la durée des sons. Cette durée pouvant être plus ou moins longue, il en résulte nécessairement qu'il y a différentes valeurs. Elles sont au nombre de sept dont voici les noms avec la forme particulière de chacune d'elles :

La *ronde* ............................................ 𝅝

La *blanche* ......................................... 𝅗𝅥

La *noire* ............................................ 𝅘𝅥

La *croche* .......................................... 𝅘𝅥𝅮

La *double-croche* .............................. 𝅘𝅥𝅯

La *triple-croche* ................................. 𝅘𝅥𝅰

La *quadruple-croche* .......................... 𝅘𝅥𝅱

**24.** — Les valeurs se divisent par 2 et par ses multiples, 4, 8, 16, etc. La ronde est la valeur choisie comme unité.

## TABLEAU DE LA DIVISION DE LA RONDE EN BLANCHES, NOIRES, CROCHES, etc.

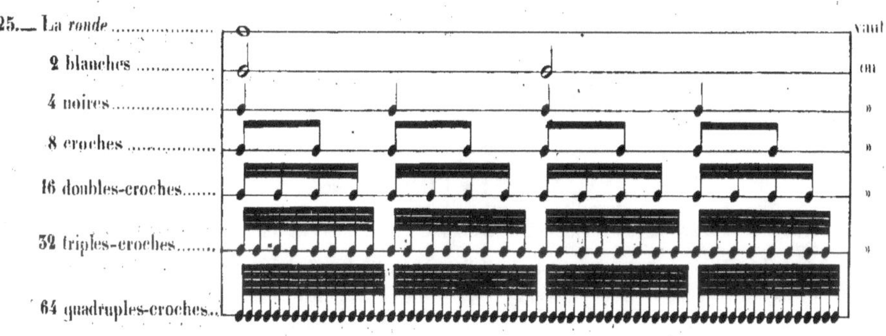

**25.** — La *ronde* ............ vaut

2 blanches ............ ou

4 noires ............ »

8 croches ............ »

16 doubles-croches ...... »

32 triples-croches ...... »

64 quadruples-croches ..

## DIVISIONS DE LA BLANCHE.

**26.** — La *blanche* ............ vaut

2 noires ............ ou

4 croches ............ »

8 doubles-croches ..... »

16 triples-croches ...... »

32 quadruples-croches ..

---

23. Combien il y a-t-il de valeurs? — Quelle forme donne-t-on à la ronde, à la blanche, à la noire, à la croche etc.

24. Comment divise-t-on les valeurs? — Quelle est celle qui sert d'unité?

25. Combien la ronde vaut elle de blanches, de noires, de croches, de doubles croches, de triples croches et de quadruples croches? — Combien faut-il de blanches, de noires, de croches, etc, pour former une ronde?

26. Quelles sont les divisions de la blanche?

(R. M.)    (S. C.)

## DIVISION DE LA NOIRE.

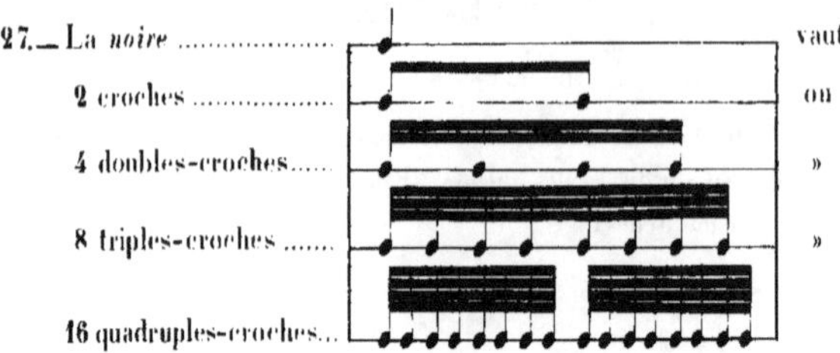


## DIVISION DE LA CROCHE.

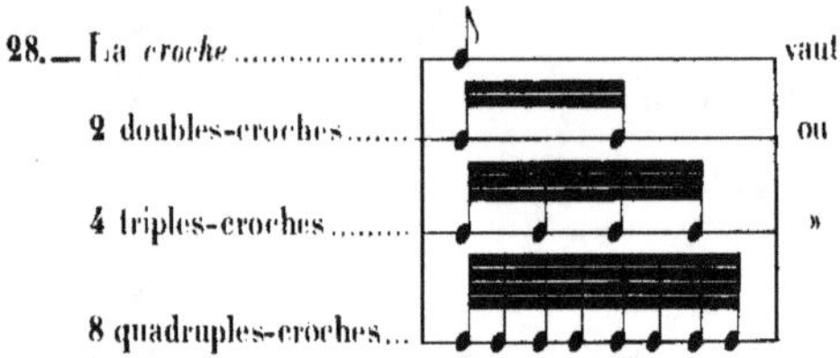


## DIVISION DE LA DOUBLE-CROCHE.

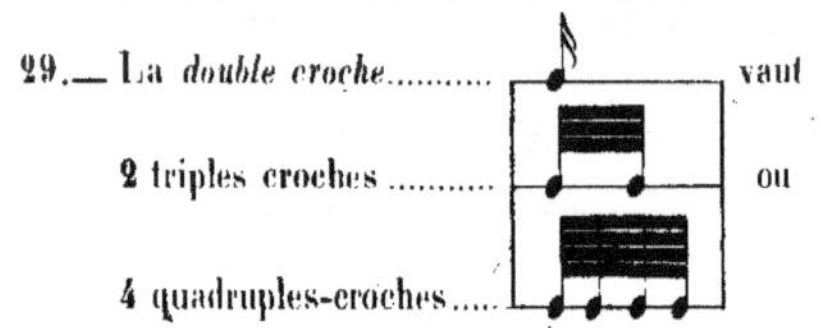


## DIVISION DE LA TRIPLE-CROCHE.

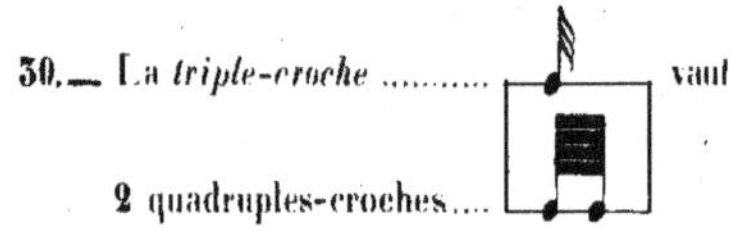


# 3.me LEÇON.

### SUITE DES VALEURS.—DES TRIOLETS.—DES SIXAINS.—DES GROUPES DE 5, 7, 9, 11 NOTES, etc.

31.— La division des valeurs par 2 et par ses multiples, telle qu'elle a été donnée dans la leçon précédente, forme ce que l'on appelle division *binaire*. Cette division devient *ternaire* lorsqu'on fait un triolet.

52.— On nomme *triolet*, un groupe de trois notes égales, dont la durée équivaut à celle de deux notes binaires de la même valeur. Ainsi, 3 blanches en triolet représentent une ronde, un triolet de doubles-croches vaut une croche etc.

33.— On indique les triolets par un 3 que l'on met au dessus des notes.

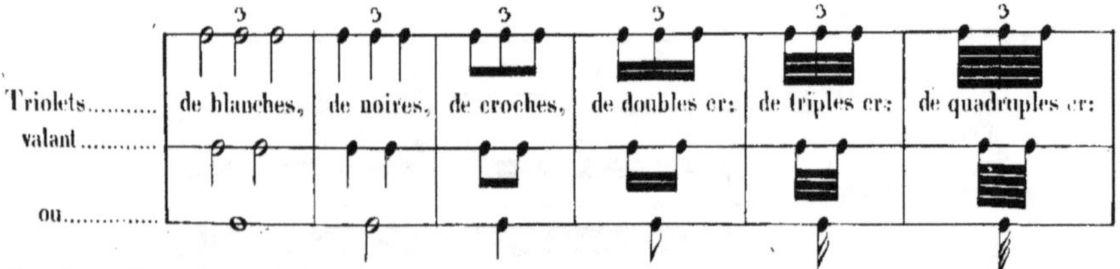


34.— On voit par l'exemple qui précède que *pour former un triolet* il suffit d'augmenter de moitié la division *binaire* des valeurs tandis que pour rendre *binaire* une division *ternaire* il faut diminuer le triolet d'un tiers de sa valeur.

## TABLEAU DES DIVISIONS TERNAIRES DE CHAQUE VALEUR.

35. _La ronde divisée en triolets,_ vaut ....3 blanches, 6 noires, 12 croches, 24 doubles, 48 triples et 96 quadruples.

36. _La blanche_ ........................5 noires, 6 croches, 12 doubles, 24 triples et 48 quadruples.

37. _La noire_ ...........................3 croches, 6 doubles, 12 triples et 24 quadruples.

38. _La croche_ .........................3 doubles, 6 triples, et 12 quadruples.

39. _La double-croche_...............3 triples et 6 quadruples.

40. _La triple-croche_.................3 quadruples.

## DES SIXAINS OU TRIOLETS DOUBLES.

41.—On appelle _sixain_ ou _triolet double_ deux triolets de même espèce réunis en un seul groupe de six notes. Le sixain s'indique par un 6 placé au dessus des notes. Il a une durée relative double de celle d'un simple triolet de même nature et, parconséquent, équivaut toujours à quatre notes binaires de la valeur de celles dont le sixain est composé.

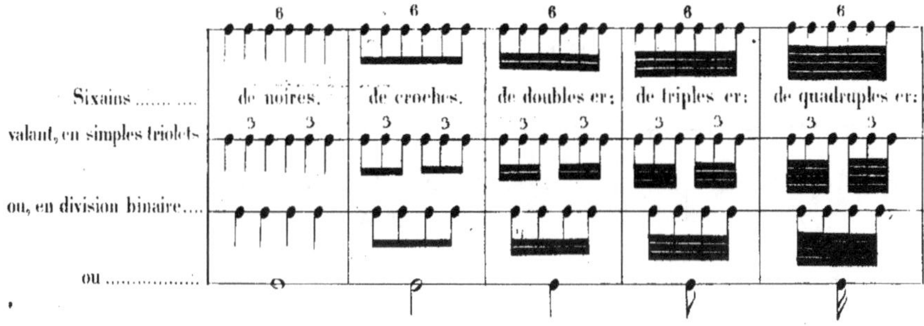



## RÉUNION DES VALEURS BINAIRES ET DES VALEURS TERNAIRES.

42.—On peut frapper en même temps des triolets simples ou doubles et des notes qui suivent la division binaire, mais les divisions par 3 et celles par 2 se rencontrent bien plus souvent ensemble que celles par 3 et celles par 4.

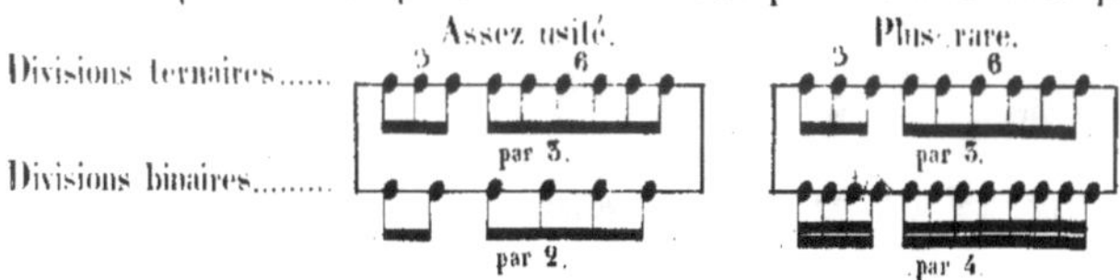



43.—Lorsque plusieurs triolets de valeurs différentes doivent être exécutés à la fois il faut les diviser par deux notes pour une.

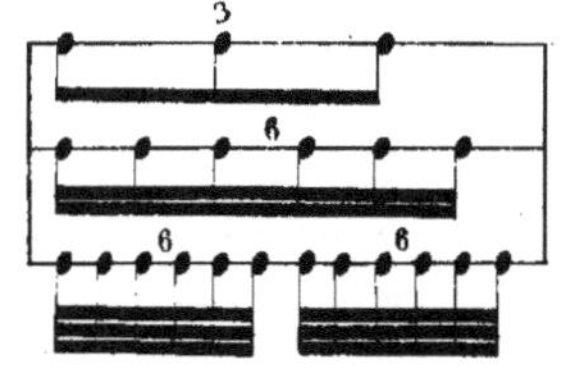

---

35. Combien la ronde vaut-elle de blanches, de noires, de croches, de doubles, de triples et de quadruples croches en triolets?

36. Combien faut-il de noires, de croches, de doubles, de triples et de quadruples en triolets, pour former une blanche?

37. Quelle est la valeur de 3 croches, de 6 doubles, de 12 triples et de 24 quadruples-croches en triolets?

38. Quelles sont les divisions ternaires de la croche?

39. Combien la double-croche vaut-elle de triples et de quadruples-croches, en triolets?

40. Quelle est la valeur de 3 quadruples-croches en triolet?

41. Qu'est-ce qu'un sixain?—Quel autre nom lui donne-t-on encore?—Comment l'indique-t-on?—Quelle en est la valeur relative?—Que vaut un sixain de noires; de croches; de doubles-croches; de triples-croches?

42. Peut-on faire marcher à la fois des valeurs binaires et des valeurs ternaires?—Les divisions simultanées par 3 et celles par 2 sont elles meilleures ou moins bonnes que les divisions par 3 et celles par 4?

43. Comment s'y prend-on pour exécuter à la fois plusieurs triolets de valeurs différentes?

(R. M.)　(S. C.)

## GROUPES DE 5, 7, 9, 10 NOTES, etc.

44.— Indépendamment des divisions générales des valeurs par 2 et par 3, on fait quelquefois des groupes de cinq notes pour quatre de même espèce; de sept notes pour six; de neuf, dix, onze, pour huit, etc. Un petit chiffre placé au dessus de ces groupes indique toujours le nombre de notes dont ils sont composés.

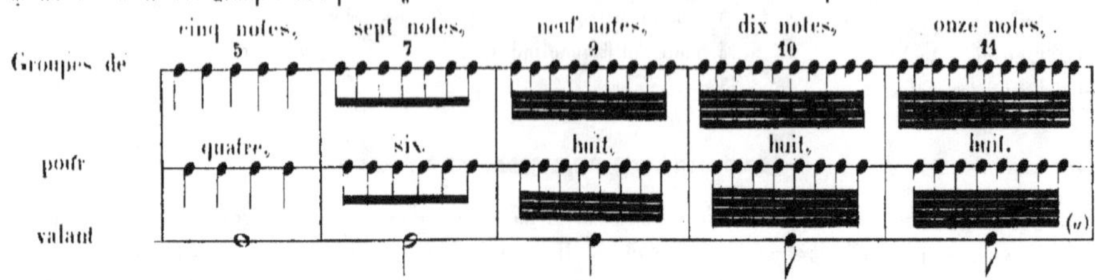


## 4ᵐᵉ LEÇON.

### DES POINTS ET DES SILENCES.

45.— Le *Point* (.) est un signe que l'on place après la note et qui augmente cette note de la moitié de sa valeur.

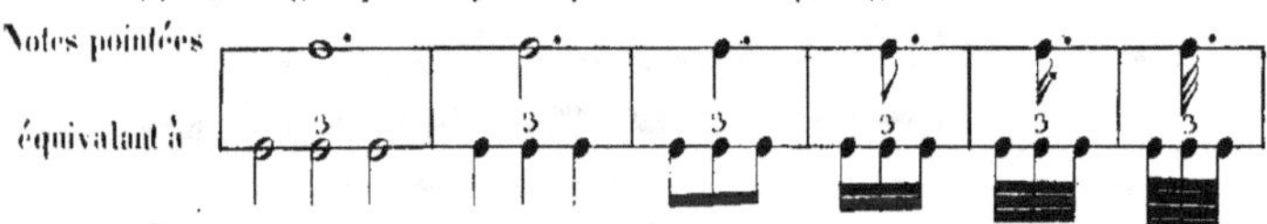


46.— On voit par cet exemple que les triolets peuvent s'écrire au moyen du point et que toutes les divisions d'une note pointée sont toujours ternaires.

### DIVISION DES VALEURS POINTÉES. (b)

47.— La *ronde pointée*...........vaut 3 blanches, 6 noires, 12 croches, 24 doubles, 48 triples, et 96 quadruples.
48.— La *blanche pointée*....... » 3 noires, 6 croches, 12 doubles, 24 triples et 48 quadruples.
49.— La *noire pointée*......... » 3 croches, 6 doubles, 12 triples et 24 quadruples.
50.— La *croche pointée*....... » 3 doubles-croches, 6 triples et 12 quadruples.
51.— La *double-croche pointée* » 3 triples et 6 quadruples-croches.
52.— La *triple-croche pointée* » 3 quadruples-croches.

### EFFET DE PLUSIEURS POINTS.

53.— Une note peut être suivie de deux points et même de trois. Le dernier point vaut toujours la moitié de celui qui le précède.

---

(a) Nous compléterons ces trois dernières leçons en mentionnant deux valeurs anciennes qui ne sont guère en usage aujourd'hui, si ce n'est parfois dans la musique sacrée. Ces valeurs sont :
1° La *maxime* (𝄶) ou *note carrée* valant 4 rondes, 8 blanches, 16 noires, 32 croches, 64 doubles-croches, etc.
2° La *brève* (𝄷) valant la moitié de la maxime c'est-à-dire 2 rondes, 4 blanches, 8 noires, 16 croches, 32 doubles-croches, 64 triples-croches, etc.
La maxime divisée en triolets vaut 3 brèves, 6 rondes, 12 blanches, 24 noires, 48 croches, etc.
La brève divisée également en triolets vaut 3 rondes, 6 blanches, 12 noires, 24 croches, 48 doubles croches, etc.
(b) Une *maxime pointée* vaut 3 brèves, 6 rondes, 12 blanches, 24 noires, 48 croches, etc.
Une *brève pointée* vaut 3 rondes, 6 blanches, 12 noires, 24 croches, 48 doubles-croches, etc.

---

44. Peut-on diviser les valeurs autrement que par 2 et par 3?— Comment indique-t-on les groupes de 5, 7, 9, 10, 11 notes?
45. Qu'est-ce que le point et quel effet produit-il?
46. Les divisions d'une note pointée sont-elles binaires ou ternaires?
47. Combien la ronde pointée vaut-elle de blanches, de noires, de croches, etc.?
48. Comment se divise la blanche pointée?
49. Quel est l'équivalent, en une seule valeur, de 3 croches, 6 doubles...

...ches, 12 triples ou 24 quadruples?
50. Quelles sont les divisions de la croche pointée?
51. Que vaut la double-croche pointée?
52. Combien 3 quadruples-croches font-elles de triples-croches pointées?
53. Une note peut-elle être suivie de plusieurs points?— Quelle est la valeur relative de chacun des points placés après une note?

## DES SILENCES

**54.__** Les silences sont des signes indiquant l'interruption momentanée des sons pendant la durée des valeurs qu'ils représentent et auxquelles ils correspondent.

**55.__** NOMS ET FIGURES DE TOUS LES SILENCES AVEC L'INDICATION DE LEURS VALEURS RELATIVES.

*Bâton de 4 pauses.. Bâton de 2 pauses. Pause. Demi-pause. Soupir. Demi-soupir Quart de soupir. 8e de soupir. 16e de soupir.*

| valant 4 rondes. | 2 rondes. (a) | 1 ronde. | 1 blanche. | 1 noire. | 1 croche. | 1 double-cr: | 1 triple-cr: | 1 quadr: cr: |
|---|---|---|---|---|---|---|---|---|

**56.__** On peut placer un ou plusieurs points après un silence. Ils ont alors le même effet que lorsqu'ils se trouvent après la note.

Silences pointés...

équivalant à......

etc.

═══════════════════════════════════════

# 5me LEÇON.

### DES MESURES SIMPLES ET DES MESURES COMPOSÉES.__DE LEUR NOMBRE, DE LA MANIÈRE DE LES FORMER, DE LES CHIFFRER ET DE LES BATTRE.__MOYEN DE TROUVER LA MESURE COMPOSÉE D'UNE MESURE SIMPLE OU LA MESURE SIMPLE D'UNE MESURE COMPOSÉE.

**57.__** La *mesure* est la division de la durée des sons en parties égales que l'on nomme *temps*. Il y a des mesures à **2, 3 et 4 temps.**

**58.__** On sépare chaque mesure de la suivante par une ligne verticale que l'on appelle *barre de séparation* ou *barre de mesure*.

**59.__** Il y a deux sortes de mesures: les mesures *simples* et les mesures *composées* ou *dérivées* ainsi nommées parcequ'elles dérivent des mesures simples.

**60.__** Les mesures *simples* sont celles dans lesquelles la division du temps est binaire (par 2).

Les mesures *composées* sont celles dans lesquelles la division du temps est ternaire (par 3).

(a) Le bâton de 4 pauses représente donc une maxime; tandis que le bâton de 2 pauses vaut une brève.

54. Qu'est-ce qu'un silence?
55. Quels les noms de tous les silences et indiquez la valeur de chacun d'eux?
56. Peut-on mettre des points après les silences?_Quel est l'effet d'un silence pointé?
57. Qu'est-ce que la mesure?_De combien de temps les mesures se composent-elles?

58. Comment sépare-t-on les mesures entr'elles?
59. Combien il y a-t-il de sortes de mesures?_Quelles sont elles?
60. Qu'appelle-t-on mesures simples?_Quelles sont les mesures que l'on nomme composées?_Quel autre nom leur donne-t-on encore?

## DU CHIFFRAGE DES MESURES.

**61.** — Toute mesure, simple ou composée, s'indique par deux chiffres superposés et séparés l'un de l'autre par une petite barre (que l'on supprime parfois). $\frac{2}{4}$ $\frac{6}{8}$ $\frac{4}{2}$ $\frac{9}{16}$ etc.

**62.** — Dans les mesures simples, le *chiffre supérieur* ou *numérateur* indique le nombre de temps dont la mesure se compose et le *chiffre inférieur* ou *dénominateur* détermine la valeur de chaque temps. (Les chiffres dont on se sert pour représenter les différentes valeurs sont: 1, 2, 4, 8 et 16 qui indiquent la ronde, la blanche, la noire, la croche et la double-croche.)

**63.** —

### TABLEAU DE TOUTES LES MESURES SIMPLES.

### FORMATION DES MESURES COMPOSÉES.

**64.** — Chaque mesure simple a sa mesure *composée* que l'on forme *en ajoutant un point à chaque temps de la mesure simple*. Les mesures composées ont donc toujours le même nombre de temps que leurs mesures simples correspondantes.

### SIGNIFICATION DES CHIFFRES D'UNE MESURE COMPOSÉE.

**65.** — Dans les mesures composées, le *numérateur* indique *le nombre de notes* contenues dans la mesure et le *dénominateur* détermine la valeur de *chaque note*. Ainsi, la mesure à $\frac{6}{2}$ est composée de 6 notes dont chacune est une blanche; la mesure à $\frac{9}{4}$ contient 9 noires, celle à $\frac{12}{8}$ renferme douze croches etc.

### MOYEN DE TROUVER LA MESURE COMPOSÉE D'UNE MESURE SIMPLE OU LA MESURE SIMPLE D'UNE MESURE COMPOSÉE.

**66.** — Pour trouver la mesure *composée* d'une mesure simple on *multiplie les deux chiffres de la mesure simple*: le numérateur par 3 et le dénominateur par 2. Les nouveaux chiffres que l'on obtient sont ceux de la mesure composée. (Voir plus loin, N°68, le tableau de toutes les mesures simples et composées.)

---

67.— Pour obtenir les chiffres qui représentent la mesure *simple* d'une mesure composée, il faut, au contraire, *diviser les chiffres de la mesure composée*; le numérateur par 3 et le dénominateur par 2. (Voir le tableau suivant)

68.—
### TABLEAU DE TOUTES LES MESURES SIMPLES
#### AVEC LEURS MESURES COMPOSÉES CORRESPONDANTES.

En étudiant avec soin le tableau précédent on fera les remarques suivantes:

69.—Chaque mesure simple ayant sa mesure composée correspondante il en résulte qu'il y a 4 *mesures simples et 4 mesures composées à deux temps*, 4 *mesures simples et 4 composées à trois temps* et 4 *mesures simples et 4 composées à quatre temps*. Il y a donc en tout 12 mesures simples et 12 mesures composées *ce qui donne un total général de* 24 *mesures simples et composées*.

70.— Le numérateur d'une mesure *simple* est toujours un 2, un 3 ou un 4, selon que la mesure est à 2, 3 ou 4 temps; tandis que dans les mesures composées le numérateur est un 6 si la mesure est à 2 temps, un 9 si elle est à 3 temps et un 12 si elle est à 4 temps. On peut donc, *en examinant le numérateur d'une mesure*, reconnaître de suite si cette mesure est simple ou composée, à deux, à trois ou à quatre temps.

71.— Le dénominateur d'une mesure *simple* est toujours un 1, un 2, un 4 ou un 8 (jamais 16), selon que le temps est représenté par une ronde, une blanche, une noire ou une croche.

72.— Le dénominateur d'une mesure *composée* est toujours 2, 4, 8 ou 16 (jamais 1), selon la valeur de chaque note, blanche, noire, croche ou double-croche.


### CLASSIFICATION DES MESURES D'APRÈS LEUR PLUS OU MOINS D'EMPLOI.

73.— Les 24 mesures simples et composées dont le tableau a été donné plus haut (68) ne sont pas toutes également usitées. On peut, en quelque sorte, les classer des trois manières suivantes:

1.º Huit mesures dont l'emploi est très fréquent:

$$\frac{2}{2} \text{ ou } C. \quad \frac{2}{4}, \ \frac{3}{4}, \ \frac{3}{8}, \ \frac{4}{4} \text{ ou } C, \ \frac{6}{8}, \ \frac{9}{8}, \text{ et } \frac{12}{8}.$$

2.º Huit mesures que l'on ne rencontre qu'assez rarement:

$$\frac{2}{1}, \ \frac{3}{1}, \ \frac{3}{2}, \ \frac{4}{2}, \ \frac{6}{2}, \ \frac{6}{4}, \ \frac{9}{2} \text{ et } \frac{9}{4}$$

3.º Huit mesures presque ou entièrement inusitées:

$$\frac{2}{8}, \ \frac{4}{1}, \ \frac{4}{8}, \ \frac{6}{16}, \ \frac{9}{16}, \ \frac{12}{2}, \ \frac{12}{4} \text{ et } \frac{12}{16}.$$

## MANIÈRE DE BATTRE LES MESURES.

74.— *Battre la mesure*, c'est en indiquer tous les temps par des mouvements que l'on fait avec la main, un archet ou un bâton. Les mesures, simples ou composées, se battent ainsi:

Dans les mesures à 2 temps, le 1.er est frappé de haut en bas et le 2.d levé de bas en haut............

Dans les mesures à 3 temps, le 1.er est frappé, le 2.d tourné vers la droite et le 3.me levé............

Dans les mesures à 4 temps, le 1.er est frappé, le 2.me porté à gauche, le 3.me à droite et le 4.me levé

# 6.me LEÇON.

### DES TEMPS FORTS ET DES TEMPS FAIBLES.— DES PARTIES FORTES ET DES PARTIES FAIBLES D'UN MÊME TEMPS.— DES SYNCOPES.—DU COULÉ ET DE SA SIGNIFICATION LORSQU'IL EST PLACÉ AU DESSUS DE DEUX OU PLUSIEURS NOTES DU MÊME NOM.

75.— Les temps d'une mesure se divisent en temps *forts* et en temps *faibles* ainsi nommés parceque dans l'exécution il est naturel d'appuyer un peu plus fortement sur les premiers que sur les autres.

76.— Dans les mesures simples ou composées à 2 temps, le 1.er est fort et le 2.d faible;

dans les mesures simples ou composées à 3 temps, le 1.er seul est fort et les deux autres, faibles;

dans les mesures simples ou composées à 4 temps, le 1.er et le 3.me sont forts et le 2.me et le 4.me faibles.

77.— *Chaque* temps d'une mesure se divise également en parties *fortes* et en parties *faibles*; Dans les mesures *simples* le temps se partage en *deux parties égales* dont la première est forte et la seconde, faible; tandis que si la mesure est *composée*, le temps se divise en *trois parties égales* dont la 1.re est forte et les deux autres faibles.

74. Qu'est-ce que battre la mesure?— Bat-on de la même manière les mesures simples et les mesures composées?— Comment se battent les mesures à 2.3 et 4 temps?
75. Comment divise-t-on les temps d'une mesure?— Pourquoi les temps forts et les temps faibles sont-ils ainsi nommés?
76. Dites quels sont les temps forts et les temps faibles des mesures à 2.3 et 4 temps?
77. Comment se divise chaque temps d'une mesure simple et chaque temps d'une mesure composée?

(R. M.) (S. C.)

## REMARQUE IMPORTANTE.

**78.** — Ce qui vient d'être dit dans les 3 derniers paragraphes fera comprendre aisément la différence qui doit exister dans l'exécution d'un passage noté dans deux mesures différentes qui ont un nombre égal de notes de la même valeur, bien que l'une de ces deux mesures soit simple et l'autre composée.

Si, par exemple, on change la mesure de cette phrase  et que l'on écrive



le même passage d'après la notation à six-huit ....... on voit que certaines notes qui, dans le N.º 1, se trouvent au commencement du temps, sont placées dans le N.º 2, au milieu ou à la fin du temps. Il n'est donc pas indifférent de noter cette phrase de l'une ou de l'autre manière puisque les temps forts ou faibles et les parties fortes ou faibles des temps de la mesure à $\frac{3}{4}$ et de celle à $\frac{6}{8}$ ne portent pas sur les mêmes notes.

### DES SYNCOPES.

**79.** — On nomme *syncope* le prolongement, sur le temps fort ou sur la partie forte du temps, d'une note commencée sur le temps faible ou sur la partie faible du temps. Une note syncopée est donc toujours coupée en deux parties par un changement de temps ou de mesure et se trouve forcément à contre-temps.

**80.** — Les syncopes commençant et finissant dans la même mesure s'écrivent au moyen du point.

Celles qui ne se terminent que dans la mesure suivante se notent en unissant les deux parties de la syncope par un coulé. (On nomme *liaison* ou *coulé* une ligne courbe ⌒ que l'on place au dessus ou au dessous de deux ou plusieurs notes du même nom pour indiquer qu'il faut les exécuter par une seule articulation et parconséquent les chanter en solfiant sans en répéter le nom.)

### DES DEUX ESPÉCES DE SYNCOPES.

**81.** — Il y a deux espèces de syncopes: les syncopes *égales* dont les deux parties ont chacune la même valeur et les syncopes *brisées* ou *inégales* dont la première partie est plus longue que la seconde.

### EXEMPLES DE SYNCOPES ÉGALES.

---

(*a*) Lorsqu'on lie ensemble un certain nombre de notes du même nom, cela s'appelle *faire une tenue.*

Le coulé placé sur des notes *de noms différents* a une signification particulière dont nous parlons plus loin (158).

---

**82.** — Dans l'ancienne musique on rencontre des syncopes brisées écrites au moyen du point, lors-même qu'elles ne se terminent pas dans la même mesure.

### MANIÈRE D'EXÉCUTER LES SYNCOPES.

**83.** — Pour bien exécuter les syncopes il faut appuyer légèrement l'attaque de la note syncopée et ne *jamais faire* sentir *les changements de temps ou de mesure*, à moins d'une indication spéciale de l'auteur.

### DES LIAISONS BOITEUSES.

**84.** — Lorsque la seconde partie d'une syncope brisée est plus longue que la première on ne fait plus une syncope mais, une *liaison boiteuse*.

Les liaisons boiteuses s'emploient rarement et presque toujours dans la musique instrumentale. On en détruit complètement l'effet en enlevant le coulé car alors il n'y a plus de syncope et l'on ne fait que répéter la même note.

Phrase écrite avec des liaisons boiteuses.

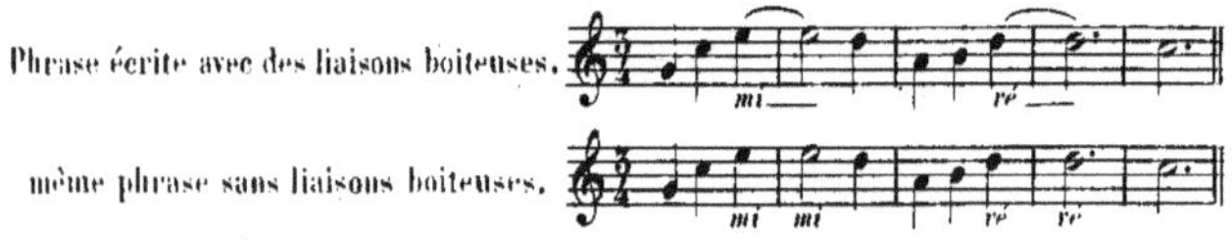


même phrase sans liaisons boiteuses.


(Arrivé à ce point de l'étude des principes théoriques de la musique, l'élève, tout en continuant cette étude, commencera à solfier les leçons vocales contenues dans le 1er livre de la 2de partie de cet ouvrage: Nos 1 à 150.)

---

# 7me LEÇON.

**DES ALTÉRATIONS.— DES TONS ET DES DEMI-TONS.— COMMENT ON LES DIVISE.— DE L'EFFET DES ACCIDENTS.—
DE LA POSITION DES DIÈSES ET DES BÉMOLS A LA CLEF.— DES NOTES SYNONYMES.**

**85.** — On appelle note *altérée* celle qui est précédée d'un *accident* ou *signe d'altération* indiquant qu'il faut hausser ou baisser l'intonation de la note.

**86.** — Lorsqu'une note n'est pas *altérée*, elle est *naturelle* ou *dans son état naturel*.

**87.** — Il y a *cinq espèces d'accidents*: le *dièse* (♯), le *double-dièse* (𝄪 ou ✕), le *bémol* (♭), le *double bémol* (♭♭) et le *bécarre* (♮). Chaque accident pouvant se placer devant n'importe quelle note, il y a nécessairement 7 dièses, 7 doubles-dièses, 7 bémols, etc. *(a)*

---

*(a)* Le nom de l'accident *qualifie* celui de la note. Ainsi, l'on dit: *ut dièse, ré double-dièse, mi bémol, sol double-bémol, si bécarre ou si naturel, etc.*

**82.** De quelle manière écrivait-on autrefois les syncopes brisées ne se terminant pas dans la même mesure?
**83.** Comment doit-on s'y prendre pour bien exécuter les syncopes?
**84.** Qu'appelle-t-on liaisons boiteuses?— Comment peut-on les détruire?

**85.** Qu'entend-on par note altérée?
**86.** Qu'est-ce qu'une note naturelle?
**87.** Combien y a-t-il de sortes d'accidents?— Combien y a-t-il de dièses, de doubles-dièses, de bémols, etc?

## DES TONS ET DES DEMI TONS.

**88.**—Pour comprendre l'effet particulier produit par chaque accident, il faut savoir ce que c'est qu'un ton ou un demi-ton. On nomme *ton*, la plus grande distance entre deux notes naturelles qui se suivent *(a)* Il y a un ton d'*ut* à *ré* de *ré* à *mi*, de *fa* à *sol* de *sol* à *la* et de *la* à *si*.

**89.**—Le ton se divise en *neuf petites parties* que l'on appelle *commas* ou en *deux demi-tons*; le *diatonique* composé de *quatre* commas et le *chromatique* qui en contient cinq.

**90.**—Le demi-ton *diatonique* est formé par deux notes *de noms différents* qui peuvent être toutes deux des notes *naturelles*.

Le demi-ton *chromatique* est formé par deux notes *du même nom*, dont l'une est toujours l'altération de l'autre.

## EFFET DES ACCIDENTS.

**91.**—Le *dièse* hausse d'un demi-ton chromatique la note naturelle devant laquelle il est placé. Le *bémol* baisse la note d'un demi-ton chromatique.

**92.**—Le *double-dièse* hausse la note de deux demi-tons chromatiques et le *double-bémol* la baisse de deux demi-tons chromatiques. Ces deux accidents s'emploient le plus souvent pour hausser ou pour baisser de nouveau une note précédemment altérée par un simple dièse ou par un simple bémol.

**93.**—Le *bécarre* rétablit *dans son état naturel* la note qui a été altérée par un dièse ou par un bémol.

---

*(a)* Le mot *ton* a encore une autre signification qui sera donnée plus loin (133).

*(b)* En examinant ces deux exemples on voit que la distance d'une note *naturelle* à la même note *double-diésée* ou *double-bémolisée* est de dix commas, un comma de plus que le ton. Il faut remarquer aussi que le dièse *baisse* la note *double-diésée* et que le bémol *hausse* la note *double-bémolisée*.

*(c)* Le bécarre *baisse* donc la note *diésée* et *hausse* la note *bémolisée*.

*(d)* Le bécarre s'ajoute quelquefois au dièse ou au bémol d'une note diésée ou bémolisée lorsque cette même note a d'abord été altérée par un double-dièse ou par un double-bémol.

On écrit indifféremment :

---

88. Qu'est-ce que le ton?

89. En combien de parties le divise-t-on?—Quel est le demi-ton le plus grand?

90. Comment est formé le demi-ton diatonique?—Comment forme-t-on le demi-ton chromatique?

91. Quel est l'effet du dièse et celui du bémol?

92. Quel est l'effet du double-dièse et celui du double-bémol?—Dans quel cas se sert-on de ces deux accidents?

93. Quel effet produit le bécarre?

(R. M.)   (S. C.)

**94.** — L'effet des accidents s'étend à toutes les notes du même nom appartenant à la même mesure. Cet effet cesse si la note altérée vient à être modifiée différemment par un nouvel accident.

## DES DIÈSES ET DES BÉMOLS A LA CLEF.

**95.** — Les dièses et les bémols peuvent aussi se mettre à la clef (voir dans quel cas au N°137) et s'y placent dans l'ordre suivant.

**96.** — Lorsqu'il y a des dièses ou des bémols à la clef, toutes les notes portant les noms de ces accidents sont diésées ou bémolisées dans tout le cours du morceau, à moins qu'elles ne soient précédées d'accidents d'une autre nature.

## DES NOTES SYNONYMES OU ENHARMONIQUES.

**97.** — On donne le nom de *notes synonymes* ou *enharmoniques* à deux notes dont les sons ont entr'eux une telle analogie qu'ils semblent n'en former qu'un seul et que la même touche d'orgue ou de piano sert pour les deux notes, bien qu'il y ait entre elles un comma de différence.

Si petite que soit cette différence, on peut néanmoins la faire sentir sur certains instruments tels que le violon, le violoncelle, etc.

---

(a) On entend par *armure* de la clef la garniture de dièses ou de bémols qui s'y trouvent en plus ou moins grand nombre. Ainsi, l'on dit que la clef est *armée* de deux dièses, de cinq bémols, etc.

---

94. Les accidents n'ont-ils d'action que sur les notes devant lesquelles ils sont placés?

95. Peut-on mettre les dièses et les bémols ailleurs que devant les notes?

Dans quel ordre se mettent-ils à la clef?

96. Quel est l'effet des dièses et des bémols lorsqu'ils sont à la clef?

97. Qu'appelle-t-on notes synonymes?

98.— Il faut remarquer qu'on obtient toujours deux notes synonymes en prenant le demi-ton diatonique et le demi-ton chromatique placés *l'un et l'autre* au dessus ou au dessous d'une même note, naturelle, diésée. ou bémolisée.

99.—

### TABLEAU DE TOUTES LES NOTES SYNONYMES.

## 8ᵐᵉ LEÇON.

### DES DEGRÉS CONJOINTS ET DES DEGRÉS DISJOINTS.—NOTIONS GÉNÉRALES SUR LA GAMME.— DE LA GAMME DIATONIQUE ET DE LA GAMME CHROMATIQUE.

100.—Lorsqu'on ne donne pas aux notes leur nom particulier, on les nomme *degrés*. Ainsi, l'échelle musicale (3) contenant 85 sons ou notes différentes est composée de 85 degrés.

101.—On appelle *degrés conjoints* deux notes qui se suivent à un ton ou un demi-ton de différence; et *degrés disjoints* deux notes qui sont distantes de plus d'un ton.

(a) Les notes synonymes dont l'une est double-diésée ou double-bémolisée ne se rencontrent guère et nous ne les donnons ici que pour compléter le tableau ci-dessus.

98. Comment peut-on obtenir deux notes synonymes?
99. Faites le tableau de toutes les notes synonymes.

100. Comment désigne-t-on les notes quand on ne leur donne pas leur nom particulier?
101. Qu'appelle-t-on degrés conjoints et degrés disjoints?

## NOTIONS GÉNÉRALES SUR LA GAMME.

**102.**—Une *gamme* est une série de notes qui s'enchaînent par degrés *conjoints*. Si les notes vont du grave à l'aigu, la gamme est *ascendante*; si elles passent de l'aigu au grave, la gamme est *descendante*.

GAMME ASCENDANTE, PROCÉDANT PAR TONS ET PAR DEMI-TONS DIATONIQUES.

GAMME DESCENDANTE, OFFRANT UNE SUCCESSION DE ½ TONS DIAT: ou CHROMATIQUES.

**103.**—Les notes de la gamme se comptent par degrés: la première note en est le 1er degré, la deuxième le 2d, etc.

**104.**—La gamme se compose de sept degrés auxquels on en ajoute un huitième que l'on nomme *octave*, et qui porte toujours le même nom que la première note de la gamme, qu'elle que soit cette note. (*a*)

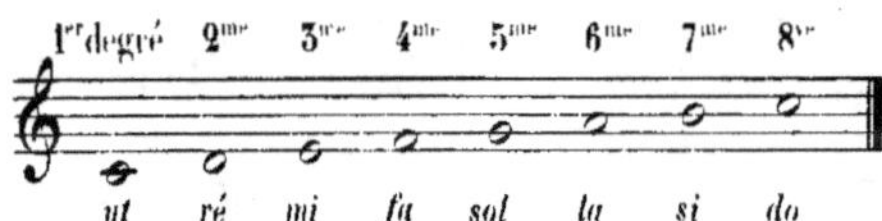


### REMARQUE IMPORTANTE.

**105.**—Toutes les notes en *rapport d'octave* reçoivent le même nom à cause de la grande analogie qui existe entr'elles et qui fait qu'en les entendant on croit presque ne percevoir qu'un seul et même son. De là vient que les noms des sept notes suffisent à désigner tous les sons de l'échelle musicale, puisque chacun d'eux se reproduit à une ou plusieurs octaves de distance.

**106.**—On appelle octaves *supérieures* celles qui se trouvent au dessus d'une note du même nom et octaves *inférieures*, celles qui se trouvent au dessous.

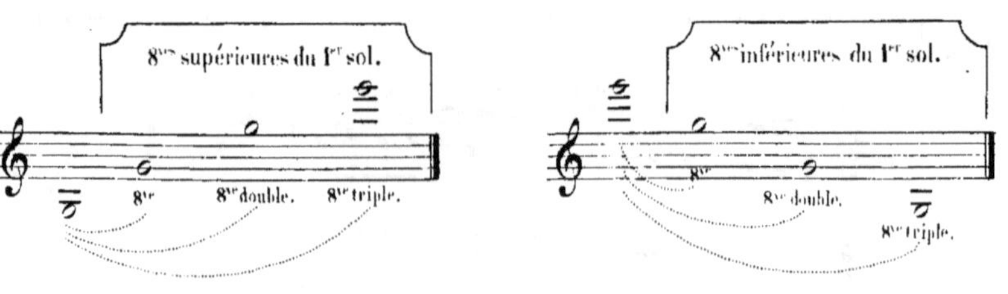


(*a*) On peut commencer une gamme par n'importe quelle note naturelle, diésée ou bémolisée.

# DE LA GAMME DIATONIQUE ET DE LA GAMME CHROMATIQUE.

**107.**—Il y a deux espèces de gammes: la gamme *diatonique* et la gamme *chromatique*.

**108.**—La gamme *diatonique* est celle qui procède par tons et par demi-tons diatoniques. Elle se compose de 5 tons et de deux demi-tons diatoniques répartis ainsi qu'il suit:

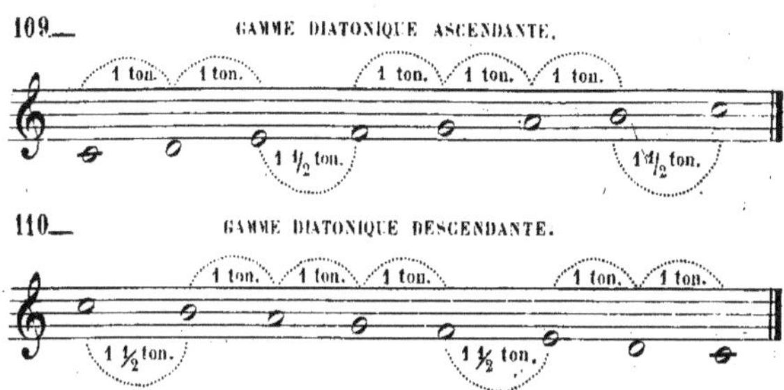



**111.**—La gamme *chromatique* est celle qui procède par demi-tons. Elle se compose de douze demi-tons, dont sept diatoniques et cinq chromatiques.

**114.**—Toute gamme chromatique dérive toujours d'une gamme diatonique commençant par la même note. Pour *former* la gamme chromatique, il faut ajouter l'altération ascendante (dans la gamme ascendante) ou descendante (dans la gamme descendante) *à chaque degré de la gamme diatonique qui se trouve à distance d'un ton du degré suivant.* Ainsi, en examinant les deux gammes chromatiques ci-dessus (**112** et **113**), on voit que si l'on retirait les altérations de chaque degré (écrites en notes noires) on retrouverait les deux gammes diatoniques données plus haut. (**109** et **110**.)

### REMARQUE SUR LA MANIÈRE D'ÉCRIRE LES GAMMES CHROMATIQUES.

**115.**—En écrivant une gamme chromatique, il faut employer *les dièses* pour noter les altérations de la gamme *ascendante* et les *bémols* pour celles de la gamme *descendante*. (*a*) En effet, en agissant ainsi, chaque altération se trouve éloignée d'un demi-ton chromatique (ou 5 commas) de la note qui la précède, tandis qu'elle n'est qu'à un demi-ton diatonique (ou 4 commas) de celle qui la suit: elle est donc alors plus rapprochée de cette note que de la première et tend naturellement à monter ou à descendre selon que la gamme monte ou descend. (Voir plus haut les gammes des Nos 112 et 113)

---

(*a*) On enfreint parfois cette règle, mais ce n'est que par suite de considérations harmoniques dans lesquelles nous ne pouvons entrer ici; ou bien encore, pour simplifier l'exécution, en présentant à l'œil des notes naturelles au lieu de notes double-dièsées ou double-bémolisées.

---

# 9ᵐᵉ LEÇON.

## DES INTERVALLES.—DE LEURS NOMS ET DE LEURS MODIFICATIONS.—DE LEURS RENVERSEMENTS.—DES INTERVALLES MÉLODIQUES OU HARMONIQUES; CONSONNANTS OU DISSONNANTS.

**116.**—On nomme *intervalle* la distance d'une note à une autre plus grave ou plus aiguë.

**117.**—Les différents intervalles sont: la seconde, la tierce, la quarte, la quinte, la sixte, la septième, l'octave, la neuvième, la dixième, la onzième, etc. Chacun d'eux tire son nom du nombre de degrés diatoniques (*a*) dont il est composé.

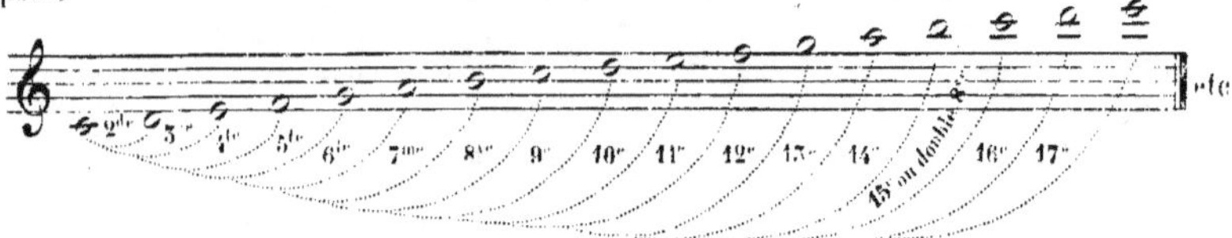

**118.**—On appelle intervalles *simples* ceux qui sont compris dans l'étendue d'une octave: tels sont: la 2ᵈᵉ la 3ᶜᵉ la 4ᵉ la 5ᵗᵉ la 6ᵗᵉ la 7ᵉ et l'8ᵉ. Tous les autres sont des intervalles *composés* reproduisant l'un des intervalles simples à une ou plusieurs octaves de distance (*b*). Ainsi, dans le tableau ci-dessus (117) la 9ᵉ octave de la 2ᵈᵉ; la 10ᵉ octave de la 3ᶜᵉ; la 16ᵉ double-octave de la 2ᵈᵉ; la 17ᵉ double-octave de la 3ᶜᵉ etc: sont des intervalles composés.

**119.**—Chaque intervalle est susceptible de trois modifications:

| | | | |
|---|---|---|---|
| Les secondes peuvent être | *mineures,* | *majeures* | ou *augmentées.* |
| Les tierces, | » | *diminuées, mineures* | ou *majeures.* |
| Les quartes, | » | *diminuées, justes* | ou *augmentées.* |
| Les quintes. | » | id. id. | ou id. |
| Les sixtes, | » | *mineures, majeures* | ou *augmentées.* |
| Les septièmes. | » | *diminuées, mineures* | ou *majeures.* |
| Les octaves, | » | *diminuées, justes* | ou *augmentées.* |

On voit que les 2ᵈᵉˢ et les 7ᵉˢ, les 3ᶜᵉˢ et les 6ᵗᵉˢ, les 4ᵗᵉˢ les 5ᵗᵉˢ et les 8ᵛᵉˢ subissent les mêmes modifications.

---

(*a*) Degrés diatoniques ou degrés d'une gamme diatonique.

(*b*) C'est pourquoi l'on donne souvent aux intervalles composés les noms des intervalles simples dont ils ne sont que la reproduction.

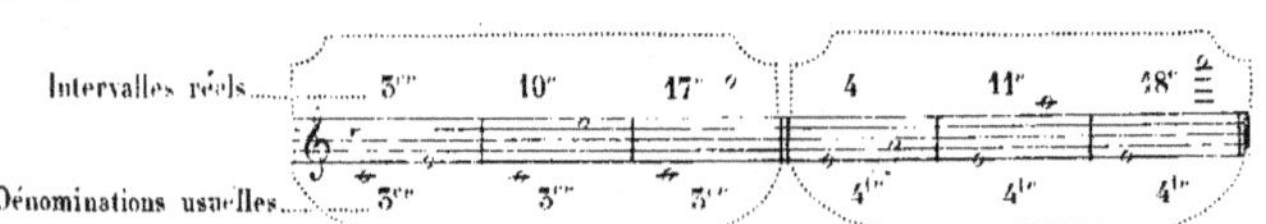


Par exception, la 9ᵐᵉ seule, est considérée tantôt comme 2ᵈᵉ, tantôt comme *neuvième* véritable. Dans ce dernier cas, elle est toujours majeure ou mineure, jamais augmentée.

Accords dans lesquels la 9ᵐᵉ est prise comme telle.

Accords dans lesquels la 9ᵐᵉ est considérée comme seconde.


---

| | |
|---|---|
| **116.** Qu'est-ce qu'un intervalle? | **118.** Quels sont les intervalles simples et les intervalles composés? |
| **117.** Comment nomme-t-on les différents intervalles et d'où tirent-ils leurs noms? | **119.** Le même intervalle peut-il être modifié?—Quelles sont les modifications des divers intervalles? |

(R. M.)    (S. C.)

120.—Les intervalles se divisent par tons et par demi-tons diatoniques ou chromatiques.

## TABLEAU DE LA DIVISION DE TOUS LES INTERVALLES.

## RENVERSEMENT DES INTERVALLES.

121.—On *renverse* un intervalle quand on substitue à la note la plus grave de cet intervalle l'octave supérieure de cette même note, de manière que la note la plus aiguë avant le renversement devienne la plus grave une fois ce renversement opéré.

Intervalles dans leur état direct, c'est-à-dire *non renversés*.



Renversements des intervalles ci-dessus.



(a) Les demi-tons chromatiques, bien que formés par l'altération d'un même degré et non par *deux degrés diatoniques*, sont néanmoins considérés comme secondes mineures.

(b) Les secondes mineures ou majeures sont nommées *intervalles conjoints* parceque les notes qui les forment sont des degrés conjoints. Tous les autres intervalles sont *disjoints* parceque les deux notes extrêmes de ces intervalles sont des degrés disjoints.

(c) On donne aussi à la quarte augmentée le nom de *triton* parceque cet intervalle est composé de 3 *tons*.

(d) Les octaves diminuées ou augmentées ne se rencontrent que très rarement.

120. Comment divise-t-on les intervalles?—De combien de tons et de 1/2 tons diatoniques ou chromatiques chaque intervalle est-il composé?

121. Qu'est-ce que renverser un intervalle et comment cela peut-il se faire?

122.— On voit, d'après ce tableau que, dans le renversement des intervalles, la seconde se change en septième; la tierce, en sixte; la quarte en quinte; la quinte, en quarte; la sixte, en tierce; la septième, en seconde et l'8ᵛᵉ...

123.— L'unisson (comme son nom l'indique) n'est autre chose que le même son, la même note reproduite à la même place par des voix ou des instruments différents. Il n'y a donc *aucun intervalle* entre deux notes à l'unisson; mais l'on doit remarquer qu'en faisant passer à l'8ᵛᵉ supérieure l'une des deux notes de l'unisson on obtient un intervalle d'octave et que, réciproquement, *l'octave renversé* devient un unisson.

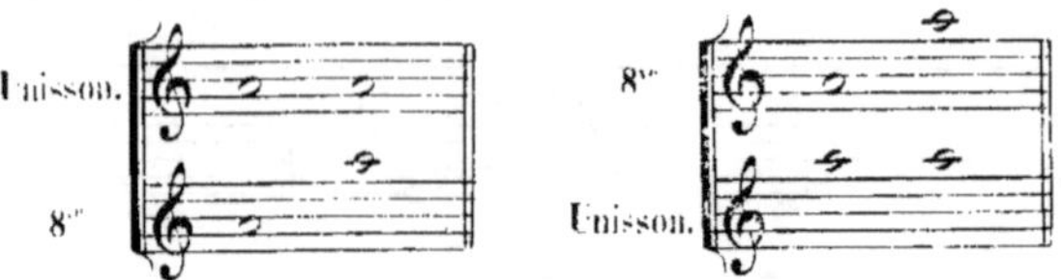


124.— On peut représenter les intervalles par des chiffres: le 1 indique l'unisson; le 2, la seconde; le 3 la tierce; le 4, la quarte; le 5, la quinte; le 6, la sixte; le 7, la septième; et le 8, l'octave.

125.— Au moyen de ces chiffres, on trouve facilement quel doit être le renversement d'un intervalle. Il suffit d'ajouter au chiffre qui représente *l'intervalle à renverser* le nombre nécessaire pour former 9: le nombre ainsi ajouté représente le nouvel intervalle produit par le renversement.

Renversements des intervalles représentés par les chiffres de la ligne ci-dessous......... 1 | 2 | 3 | 4 | 5 | 6 | 7 | 8

Renversements des intervalles représentés par les chiffres de la ligne ci-dessus......... 8 | 7 | 6 | 5 | 4 | 3 | 2 | 1

Somme des deux chiffres de chaque colonne représentant un intervalle et son renversement. 9 9 9 9 9 9 9 9

126.— Les intervalles produits par le renversement ne conservent pas en général les mêmes dénominations que ceux qui sont dans leur état direct. Ainsi, les intervalles *majeurs* deviennent *mineurs* dans le renversement; les *mineurs* se changent en *majeurs*; les *diminués*, en *augmentés* et les *augmentés*, en *diminués*. Seuls, les intervalles *justes* restent *justes*.

### TABLEAU DU RENVERSEMENT DE TOUS LES INTERVALLES SIMPLES.(a)

Renversements des intervalles ci-dessous.

Renversements des intervalles ci-dessus.

(a) Les renversements des intervalles composés ne peuvent se faire en suivant la règle donnée précédemment (121) car, malgré le changement d'octave qu'on lui ferait subir, la note la plus grave de l'intervalle à renverser n'en resterait pas moins la plus grave de l'intervalle renversé, au lieu d'en devenir la plus aiguë. EX:

Il n'est possible de renverser un intervalle composé qu'en en transportant la note la plus grave ou la plus aiguë à *plus d'une octave* supérieure ou inférieure. On obtient alors les mêmes renversements que pour les intervalles simples......... *EXEMPLES.*



(R. M.)    (S. C.)

127.— On a vu plus haut (123) que le renversement d'une octave produit un unisson; il s'en suit que l'on ne peut renverser ni l'octave diminuée ni l'octave augmentée car on obtiendrait ainsi des demi-tons chromatiques considérés comme 2<sup>des</sup> mineures et non des *unissons*: on sait en effet que l'unisson n'existe qu'à la condition qu'il y ait à la fois unité de nom *et de son* entre les notes qui le forme: ce qui n'aurait pas lieu.

## DES INTERVALLES MÉLODIQUES OU HARMONIQUES; CONSONNANTS OU DISSONNANTS.

128.— Lorsque les deux notes qui forment un intervalle sont entendues successivement, l'intervalle est *mélodique*; si elles sont entendues simultanément, l'intervalle est *harmonique*.

129.— Les intervalles harmoniques se divisent en *consonnances* (ou intervalles consonnants) et en *dissonnances*. (ou intervalles dissonnants.)

130.— Les consonnances sont: l'unisson, la 4<sup>te</sup> juste, la 5<sup>te</sup> juste et l'8<sup>ve</sup> juste, que l'on appelle *consonnances parfaites*, et les 3<sup>ces</sup> et les 6<sup>tes</sup> majeures ou mineures, que l'on nomme *consonnances imparfaites*. Les 2<sup>des</sup> et les 7<sup>mes</sup> majeures ou mineures et tous les intervalles diminués ou augmentés sont des dissonnances.

# 10<sup>me</sup> LEÇON.

### DES DEUX MODES.— DES 15 GAMMES MAJEURES.— MOYEN DE RECONNAÎTRE LE TON MAJEUR D'UN MORCEAU.

131.— Il y a deux sortes de gammes diatoniques: celles qui sont faites dans le *mode majeur* et celles qui sont faites dans le *mode mineur*. Le mode est donc la *manière d'être* d'une gamme diatonique.

132.— On distingue les deux modes l'un de l'autre par le nombre et la position des ½ tons diatoniques qui doivent exister dans toute gamme diatonique d'une octave. (*a*)

---

(*a*) Ces demi-tons sont nécessaires pour conserver un rapport exat entre tous les sons de la gamme et obtenir l'octave juste de chaque note, ce qui serait impossible s'il y avait toujours un ton d'un degré de la gamme au degré suivant.

---


127. Pourquoi ne renverse-t-on pas l'8ve diminuée ni l'8ve augmentée?
128. Qu'entend-on par intervalles mélodiques et par intervalles harmoniques?
129. Comment divise-t-on les intervalles harmoniques?
130. Quels sont les intervalles qui forment des consonnances parfaites?— Quels sont ceux qui forment des consonnances imparfaites?— ... les intervalles dissonnants?
131. Combien y a-t-il de sortes de gammes diatoniques et quelles sont-elles?— Qu'est-ce que le mode?
132. Comment distingue-t-on les modes l'un de l'autre?

(R. M.) S. C.

**133.**—Pour déterminer la manière d'être d'une gamme diatonique, on emploie souvent, au lieu du mot *mode* celui de *ton* lequel dans ce cas, n'a plus la même signification que lorsqu'il indique l'intervalle de **2** majeure. Ainsi, l'on dit qu'une gamme est *dans le mode majeur ou dans un ton majeur; dans le mode mineur ou dans un ton mineur.*

**134.**—Chaque degré d'une gamme diatonique, considéré au point de vue de la tonalité, reçoit un nom particulier:

Le **1** degré s'appelle *tonique*. (qui détermine le ton.)

Le **2** » *sus tonique*. (au dessus de la tonique.)

Le **3** » *médiante*. (note du milieu: on sait qu'autrefois la gamme n'était composée que de six notes.)

Le **4** » *sous-dominante*. (au dessous de la dominante)

Le **5** » *dominante*. (note qui domine, celle que l'on rencontre le plus, après la tonique.)

Le **6** » *sus dominante*. (au dessus de la dominante.)

Le **7** » *note sensible*.

(Le 8 degré n'étant que l'8 du premier conserve le même nom de *tonique*.)

### DU MODE MAJEUR.

**135.**—Une gamme est dans le mode *majeur* lorsqu'elle renferme deux demi-tons diatoniques placés, l'un entre le **3** et le **4** degré, et l'autre entre le **7** et le **8**.

**136.**—La gamme *d'ut naturel majeur* sert de modèle à toutes les gammes majeures parceque les tons et les demi-tons s'y trouvent naturellement bien placés.

(On voit que la gamme majeure se fait de même en montant et en descendant.)

**137.**—Toutes les gammes majeures devant être, pour ainsi dire, calquées sur la gamme d'ut naturel quant à la disposition des tons et des demi-tons, il s'en suit que dans toute gamme autre que celle d'ut il faut altérer un plus ou moins grand nombre de notes de cette gamme pour arriver à une répartition analogue de tons et de demi-tons. *Ces altérations se font au moyen de dièses ou de bémols que l'on met à la clef et non devant les notes.*

Si, par exemple, on prend la note *sol* comme tonique d'une gamme majeure on devra altérer le *fa* naturel de la gamme d'ut au moyen d'un dièse qui l'élève d'un demi-ton. Ce dièse a un effet double: il procure d'abord un ton entre le 6 et le 7 degré; puis, ensuite, il amène entre le 7 et le 8 le demi-ton diatonique qui doit exister, dans n'importe quelle gamme, entre la note sensible et l'octave ou tonique.

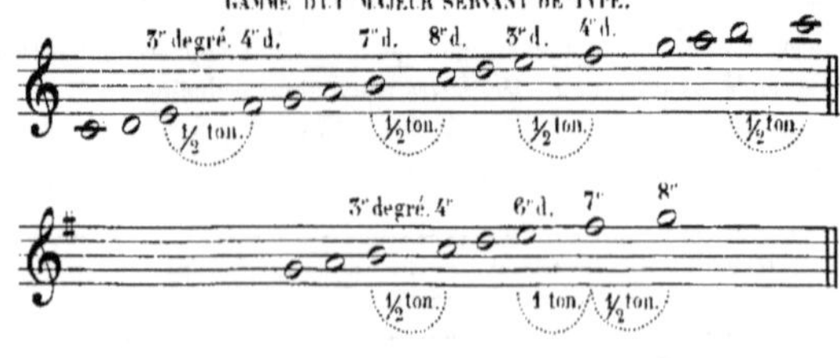


GAMME DE SOL MAJEUR
Empruntant les notes de la gamme d'ut *sauf une* afin d'obtenir les mêmes dispositions de tons et de demi-tons que dans celle-ci.

**158.—TABLEAU DE TOUTES LES GAMMES MAJEURES, AU NOMBRE DE QUINZE.**

GAMME MODÈLE OU TON D'UT MAJEUR.—Rien à la clef.

TONS MAJEURS AVEC DES DIÈSES.     TONS MAJEURS AVEC DES BÉMOLS.

GAMME DE SOL MAJEUR. (1 dièse à la clef.)     GAMME DE FA MAJEUR. (1 bémol à la clef.)

GAMME DE RÉ MAJEUR. (2 dièses à la clef.)     GAMME DE SI♭ MAJEUR. (2 bémols à la clef.)

GAMME DE LA MAJEUR. (3 dièses à la clef.)     GAMME DE MI♭ MAJEUR. (3 bémols à la clef.)

GAMME DE MI MAJEUR. (4 dièses à la clef.)     GAMME DE LA♭ MAJEUR. (4 bémols à la clef.)

GAMME DE SI MAJEUR. (5 dièses à la clef)     GAMME DE RÉ♭ MAJEUR. (5 bémols à la clef.)

GAMME DE FA♯ MAJEUR. (6 dièses à la clef.)     GAMME DE SOL♭ MAJEUR. (6 bémols à la clef.)

GAMME D'UT♯ MAJEUR. (7 dièses à la clef.)     GAMME D'UT♭ MAJEUR. (7 bémols à la clef.)

**139.—** L'étude approfondie du tableau précédent donne lieu aux quelques remarques suivantes:

1° Dans toute gamme majeure, chaque degré forme avec la tonique un intervalle *majeur* ou *juste*, jamais mineur, diminué ou augmenté.

2° De même que les dièses se placent à la clef par quintes justes en montant et les bémols, par quintes justes en descendant; de même, les tons majeurs avec des dièses se suivent par quintes justes ascendantes et ceux avec des bémols, par quintes justes descendantes.

3° Dans les tons majeurs avec des dièses, le dernier d'entr'eux représente la *note sensible* et, comme la note sensible est toujours à un demi-ton diatonique inférieur de la tonique, il s'en suit que *la note placée un demi-ton diatonique au dessus du dernier dièse n'est autre que la tonique.*

4° La tonique d'un ton majeur avec des bémols à la clef est toujours placée une 5te juste au dessus du dernier d'entr'eux. Il résulte de ce principe que, *s'il n'y a qu'un seul bémol à la clef, on est en fa majeur* et que, dans le cas contraire, *l'avant dernier bémol indique par son nom le ton dans lequel on se trouve.*

140.—Pour résumer ce qui vient d'être dit, on voit que, si l'on veut reconnaître dans lequel des 15 tons majeurs est un morceau, il suffit de se rappeler qu'on est en ut majeur s'il n'y a aucun accident à la clef et en fa majeur s'il y a un bémol; que s'il y a plusieurs bémols, l'avant dernier indique la tonique et que, dans les tons avec des dièses, il faut, pour trouver la tonique, prendre la note placée un demi-ton diatonique au dessus du dernier dièse.

# 11ᵐᵉ LEÇON.

### DU MODE MINEUR.— DES 15 GAMMES MINEURES.— MOYEN D'EN RECONNAÎTRE LA TONIQUE.

141.—Une gamme est dans le mode *mineur* lorsqu'au lieu de deux demi-tons diatoniques elle en contient *trois*. Ces demi-tons se placent, le premier, entre le 2ᵈ et le 3ᵉ degré; le second, entre le 5ᵉ et le 6ᵉ et le dernier entre le 7ᵉ et le 8ᵉ.

On voit que pour avoir, selon la règle, la note sensible à un demi-ton diatonique inférieur de la tonique, il faut altérer cette note au moyen d'un accident que l'on met toujours devant elle, *sans jamais le placer à la clef.* Par suite de cette altération, il existe forcément un intervalle de seconde augmentée entre le 6ᵉ et le 7ᵉ degré d'une gamme mineure.

142.—Les gammes mineures diffèrent des gammes majeures en ce que la tierce et la sixte de la tonique sont *mineures* dans les gammes *mineures*, tandis que ces mêmes intervalles sont *majeurs* dans les gammes *majeures*.

Tous les autres degrés de la gamme forment avec la tonique des intervalles majeurs ou justes, aussi bien dans le mode mineur que dans le mode majeur.

143.—Il y a en tout 15 gammes ou tons mineurs lesquels, ajoutés aux 15 tons majeurs donnent un total de **30** gammes diatoniques, majeures et mineures.

---

<table>
<tr><td>

139. Comment reconnaît-on le ton majeur dans lequel on est?

141. Dans quel cas une gamme est-elle dans le mode mineur?— Où place-t-on les trois demi-tons d'une gamme mineure?— Que faut il faire pour que la note sensible d'un ton mineur soit à un demi-ton diatonique au dessus de la tonique?— Que résulte-t-il de l'altération de cette note sensible?

</td><td>

142. Quelle différence existe-t-il entre une gamme majeure et une gamme mineure?

143. Combien y a-t-il de gammes mineures?— Quel est le nombre total de toutes les gammes diatoniques, tant majeures que mineures?

</td></tr>
</table>

(R. M.)   (S. C.)

## 144. — TABLEAU DES 15 GAMMES OU TONS MINEURS.

(Dans toutes ces gammes, la première exceptée, pour conserver aux trois demi-tons diatoniques la même place que dans la gamme de *la mineur*, il faut, indépendamment de l'altération accidentelle d'où résulte la note sensible, produire encore une ou plusieurs altérations au moyen de dièses ou de bémols que l'on met à la clef ainsi qu'on le fait dans les tons majeurs.)

(a) Les gammes mineures telles que nous les donnons dans le tableau ci-dessus présentent, ainsi que nous l'avons déjà dit plus haut, un intervalle de 2^de augmentée entre la 6^te et la 7^e. Pour obvier à une difficulté d'exécution assez sensible en chantant, mais presque nulle sur les instruments, certains auteurs ne font les gammes mineures qu'avec deux demi-tons seulement qu'ils placent entre la 2^e et la 3^e note et la 7^e et la 8^e de la gamme ascendante et entre la 2^e et la 3^e et la 5^e et la 6^e de la gamme descendante; de plus ils altèrent, en montant, la sixte et la septième:

EX. La gamme mineure ainsi établie a le double inconvénient de ne pas contenir les demi-tons aux mêmes endroits, en montant et en descendant, et de jeter une grande incertitude dans le mode à cause de la 6^te qui est majeure dans la gamme ascendante et de la note sensible qui n'existe pas dans la gamme descendante. Aussi, est-ce par suite de considérations harmoniques d'une grande valeur (mais dont le développement ne peut trouver place ici) que nous avons adopté le système des gammes mineures avec trois demi-tons. Ceci dit, nous présentons néanmoins pour mémoire, le tableau de toutes les gammes mineures faites avec deux demi-tons seulement et avec la 6^te et la 7^e majeures en montant et mineures en descendant.



144. Suite du tableau de toutes les gammes mineures.

(R. M.)  (S. C.)

145.— En examinant le tableau précédent on voit que les gammes mineures se suivent de la même manière que les gammes majeures, c'est-à-dire que les tons avec des dièses à la clef se succèdent par 5<sup>tes</sup> justes en montant et ceux avec des bémols par 5<sup>tes</sup> justes en descendant. On remarquera également que la tonique des tons mineurs avec des dièses se trouve placée une 2<sup>de</sup> majeure au dessous du dernier dièse et celle des tons mineurs avec des bémols une 3<sup>e</sup> majeure au dessus du dernier bémol.

# 12<sup>me</sup> LEÇON.

**DES TONS RELATIFS.— MOYEN DE RECONNAÎTRE LE MODE ET LE TON D'UN MORCEAU.— DES GAMMES SYNONYMES.— DU CERCLE DES GAMMES.— DES TONS MAJEURS ET DES TONS MINEURS AYANT UNE MÊME TONIQUE.— DES GAMMES DIATONIQUES INUSITÉES A CAUSE DE L'EMPLOI A LA CLEF DE DOUBLES-DIÈSES OU DE DOUBLES-BÉMOLS.**

146.— En comparant entr'elles toutes les gammes majeures et mineures (138 et 144), on remarquera que chaque ton majeur a, dans le mode mineur, un ton correspondant ayant à la clef le même nombre d'accidents, soit en dièses, soit en bémols; il en résulte que ces deux tons ont entr'eux une certaine relation (bien que différant essentiellement de caractère, puisque l'un est dans le mode majeur et l'autre dans le mode mineur) et c'est pourquoi on les appelle *tons relatifs*. Le tableau suivant fera connaître le *relatif mineur* de chaque ton *majeur*, et réciproquement.

147.— On voit, par ce qui précède, que la tonique d'un ton mineur se trouve placée une 3<sup>ce</sup> mineure au dessous ou une 6<sup>te</sup> majeure au dessus de celle du relatif majeur et que la tonique d'un ton majeur est une 3<sup>ce</sup> mineure au dessus ou une 6<sup>te</sup> majeure au dessous de celle du relatif mineur. Par conséquent, *la 6<sup>e</sup> note d'un ton majeur représente la tonique de son relatif mineur et la 3<sup>e</sup> note d'un ton mineur indique la tonique de son relatif majeur.*

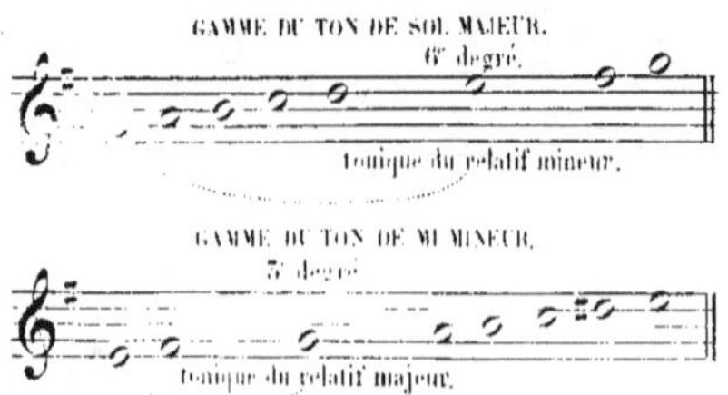

**148.**—On remarquera encore au sujet de deux tons relatifs que les notes de la gamme majeure se font toutes de la même manière dans la gamme mineure, à l'exception de la *dominante* (134) du relatif majeur qui doit être haussée d'un demi-ton chromatique pour devenir *note sensible* du relatif mineur.

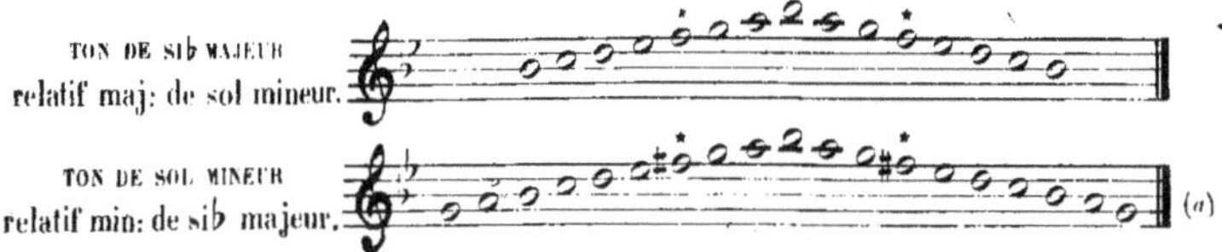


C'est pourquoi, lorsqu'on veut reconnaître si un morceau est écrit dans un ton majeur ou dans son relatif mineur, on cherche avant tout *la note sensible du ton mineur,* laquelle comme il a déjà été dit (141), est *toujours une note altérée accidentellement.* Si l'on rencontre cette note sensible dans les premières mesures du morceau, il est en mineur; dans le cas contraire, il est en majeur.

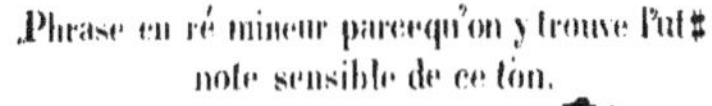
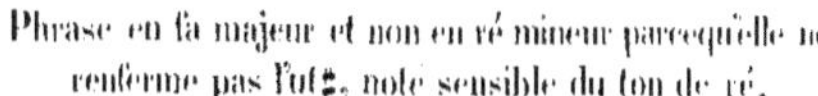

On peut aussi savoir dans quel ton l'on est *en examinant la dernière note du morceau,* laquelle est presque toujours la tonique, *surtout à la basse.*

## DES GAMMES SYNONYMES OU ENHARMONIQUES.

**149.**—Une gamme est *synonyme* ou *enharmonique* d'une autre lorsque chacun de ses degrés est note synonyme du degré correspondant de l'autre.

**150.**—Il y a douze gammes synonymes, dont voici le tableau.

(a) Les gammes mineures faites avec la 6ᵉ et la 7ᵉ majeures en montant et mineures en descendant, n'ont avec leurs relatifs majeurs que cinq notes communes dans la gamme ascendante; tandis que dans la gamme descendante il n'y a aucune différence entre les deux modes.

---

151.— Au moyen des gammes synonymes on peut réduire à **24**, au lieu de **50**, le nombre de toutes les gammes majeures et mineures et enchaîner successivement, de tierces en tierces inférieures, ces **24** tons les plus usités, pour revenir ensuite au point de départ. C'est là ce que l'on appelle *faire le cercle des gammes*. L'exemple suivant fera comprendre comment l'on doit procéder pour arriver à ce résultat.

## CERCLE DES GAMMES.

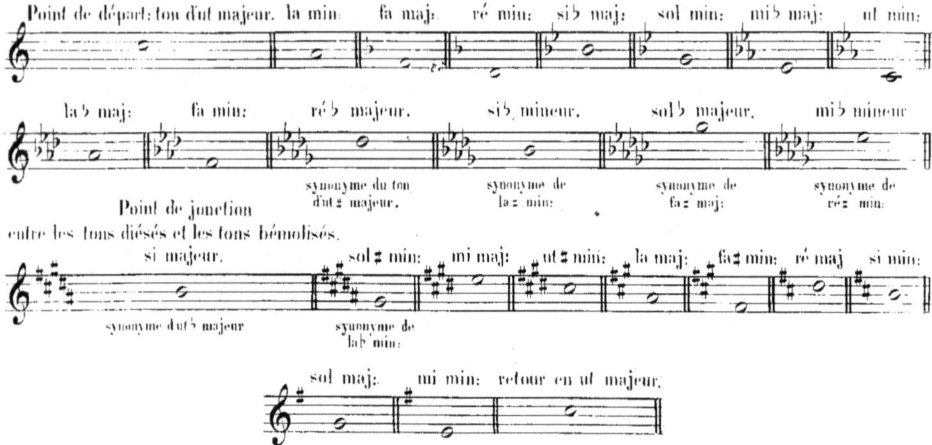


## DES TONS MAJEURS ET DES TONS MINEURS AYANT UNE MÊME TONIQUE.

152.— Les gammes diatoniques, majeures ou mineures, ont toujours pour tonique l'une des notes de la gamme chromatique d'ut écrite de cette manière:

Il en résulte que *la même note peut être tonique d'un ton majeur et d'un ton mineur.*

## TABLEAU DES 12 TONS MAJEURS ET DES 12 TONS MINEURS AYANT UNE MÊME TONIQUE.

<hr>

151. Qu'entend-on par *faire le cercle des gammes*?
152. Quelles sont les notes qui servent de toniques aux gammes de transposition?— Quelle remarque doit-on faire à l'égard de deux tons ayant une même tonique bien que l'un soit majeur et l'autre mineur?— Qu'il y a-t-il à la clef [...]?— [...] majeur?— [...] mineur?— [...]?— etc.

(R. M.)     (S. C.)

**153.**—On remarquera d'après ce tableau qu'il *y a six notes qui ne peuvent être toniques que d'un seul ton*, majeur ou mineur: cela vient de ce qu'on ne met jamais de doubles-dièses ou de doubles-bémols à la clef et que l'on serait obligé de le faire pour obtenir les tons majeurs de sol♯, de ré♯ et de la♯ et les tons mineurs de ré♭, de sol♭, et d'ut♭.

## TONS INUSITÉS.

# 13<sup>me</sup> LEÇON.

### DES NOTES DIATONIQUES ET DES NOTES CHROMATIQUES.—DES TROIS GENRES.

**154.**—Les notes *diatoniques* sont celles qui appartiennent au ton dans lequel on est et les notes *chromatiques*, celles qui sont étrangères à la tonalité.

Dans cet exemple  toutes les notes sont diatoniques;



dans celui-ci elles sont toutes chromatiques et dans la phrase suivante le la♯ de la 2<sup>de</sup> mesure

et le fa♮ de la 3<sup>e</sup> sont des notes chromatiques; tandis que toutes les autres sont diatoniques, y compris le ré♯ note sensible du ton.

**155.**—Une note, diatonique dans un ton peut devenir chromatique lorsque la tonalité vient à changer. Ainsi, toutes les notes diésées sont diatoniques en ut♯ majeur, et chromatiques en ut naturel majeur ou mineur.

En général, les notes diésées sont le plus souvent diatoniques dans les tons avec des dièses et chromatiques dans ceux avec des bémols. Les notes bémolisées sont souvent diatoniques dans les tons avec des bémols et *toujours chromatiques* dans ceux avec des dièses.

---

(a) Nous compléterons ces trois dernières leçons sur les gammes diatoniques majeures et mineures, en faisant observer que l'on peut transformer chacune d'elles en gamme chromatique. Il suffit pour cela de suivre la règle déjà donnée au paragraphe 114: voici du reste, à ce sujet, deux exemples d'une gamme diatonique majeure et d'une autre, mineure, rendues chromatiques par le moyen des notes noires intermédiaires.

Gamme diatonique de la majeur, rendue chromatique.

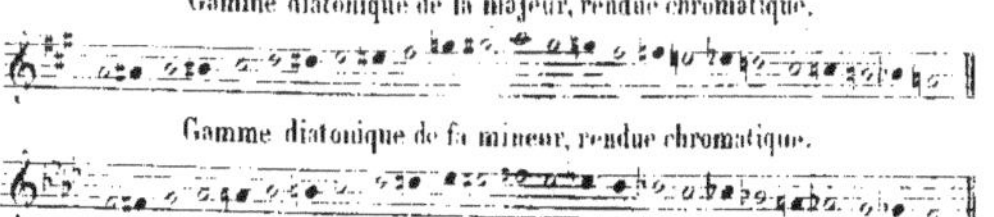

Gamme diatonique de fa mineur, rendue chromatique.

---


153. Quelles sont les notes qui ne peuvent être toniques que d'un seul ton majeur ou mineur? — Pourquoi n'emploie-t-on pas les tons de sol♯ de ré♯ et de la♯ majeurs et ceux de ré♭ de sol♭ et d'ut♭ mineurs?

154. Qu'appelle-t-on notes diatoniques et notes chromatiques?

155. Dans quel cas une note diatonique peut-elle devenir chromatique, et réciproquement?

(R. M.) (S. C.)

## DES GENRES.

**156.**— Le *genre* est la manière d'être d'une mélodie. Il y a trois genres: le *diatonique*, le *chromatique* et l'*enharmonique*.

**157.**— La mélodie est dans le genre *diatonique*, lorsqu'elle ne renferme que des notes diatoniques; elle est dans le genre *chromatique* quand elle contient des notes diatoniques et des notes chromatiques; elle appartient au genre *enharmonique*, lorsqu'à des notes diatoniques et des notes chromatiques, elle joint encore des notes synonymes ou enharmoniques. (97) Voici quelques phrases musicales écrites dans ces différents genres.

**158.**— En examinant les trois derniers exemples on voit que l'on ne peut *moduler* (passer d'un ton dans un autre)  sans sortir du genre diatonique, puisqu'un ton nouveau amène toujours une ou plusieurs notes étrangères au ton primitif et change parconséquent le genre diatonique en genre chromatique.

(Arrivé à ce point de l'étude des principes théoriques de la musique, l'élève, tout en continuant cette étude travaillera les leçons vocales contenues dans le 2ᵈ livre de la 2ᵈᵉ partie de cet ouvrage: Nˢ 131 à 200.)

---

# 14ᵐᵉ LEÇON.

### DU COULÉ, LORSQU'IL UNIT ENTR'ELLES PLUSIEURS NOTES DE NOMS DIFFÉRENTS.—DU DÉTACHÉ.—DU POINT D'ORGUE ET DU POINT D'ARRÊT.

**159.**—Nous avons donné plus haut (80) la signification du coulé unissant des notes semblables. Lorsqu'il est placé au dessus d'un groupe de notes différentes, le coulé indique alors le sentiment général de la phrase et, dans ce cas, on doit exécuter les notes avec douceur et *sans mettre entr'elles la moindre interruption*. Ainsi, en chantant ou en jouant sur un instrument à vent le passage suivant  il ne faudra pas respirer au milieu; en le jouant sur le piano ou sur le violon, on ne lèvera ni les doigts ni l'archet.

## DU DÉTACHÉ.

**160.**—On appelle *détaché* le genre d'articulation plus ou moins vive par laquelle on rend les notes lorsqu'elles ne sont pas liées par des coulés; il y a donc toujours une légère séparation entre deux notes détachées.

**161.**—On peut articuler les notes détachées de cinq manières différentes ce qui donne lieu à 5 espèces de détachés que l'on marque et que l'on exécute comme suit:

Articulation vive et légère.

1ᵉ Détaché *perlé* ou *sautillé*.

Articulation courte et énergique

2ᵉ Détaché *martelé*...........

Articulation rapide, à la fois légère et énergique.

3ᵉ Détaché *staccato,* tenant du sautillé et du martelé.
(a)

Lorsqu'il n'y a ni points ni coulés au dessus des notes, on les articule en les séparant un peu les unes des autres, sans dureté comme sans mollesse.

4ᵉ Détaché *ordinaire* ou notes *posées*......................

Ne faire de séparation entre les notes que juste assez pour qu'elles ne produisent pas complètement l'effet de notes liées.

5ᵉ Détaché *porté* ou notes *portées*......................

(a) Le *staccato* ne pouvant s'employer qu'avec de très petites valeurs est très difficile à faire en chantant et ne se rencontre le plus souvent que dans la musique instrumentale.

159. Quel est l'effet du coulé lorsqu'il est placé au dessus d'un groupe de notes ne portant pas le même nom?

160. Qu'entend-on par *détaché*?
161. Quels sont les divers détachés et comment doit-on les exécuter?

(R. M.)　(S. C.)

## DU POINT D'ORGUE.

**162.**— Le *point d'orgue* ⌢ est un signe de repos qui suspend momentanément la mesure en prolongeant *à volonté* la note au dessus de laquelle il est placé. On peut rencontrer plusieurs points d'orgue successifs.

**163.**— On fait souvent, entre deux points d'orgue qui se suivent, un ou plusieurs traits qui prennent eux-mêmes le nom de points d'orgue. On doit écrire ces traits en notes plus petites que les autres et les exécuter à volonté et sans mesure ou bien avec une mesure relative complètement en dehors de la mesure véritable.

**164.**— On appelle *point d'orgue final* celui que l'on rencontre sur la dernière ou sur l'avant dernière note du morceau. Dans ce second cas le point d'orgue peut être suivi d'un trait plus ou moins développé que les Italiens nomment *cadenza*, cadence. *(a)*

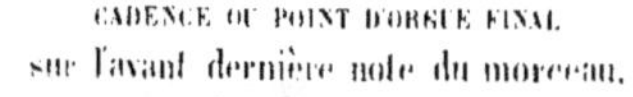

## DU POINT D'ARRÈT.

**165.**— Lorsque le point d'orgue est placé *au dessus d'un silence*, au lieu d'être placé sur une note, il prend alors le nom de *point d'arrêt.*

Le point d'arrêt est donc un signe de repos qui suspend momentanément la mesure en prolongeant *à volonté* la durée du silence au dessus duquel il se trouve.

---

# 15<sup>me</sup> LEÇON.

### DES REPRISES.— DES RENVOIS.— DES ACCORDS PLAQUÉS ET DES ACCORDS BRISÉS OU ARPÉGÉS
### DE L'ACCOLADE.— DE L'OCTAVA.— DES ABRÉVIATIONS.

**166.**— Pour indiquer les différentes parties d'un morceau, on se sert de deux barres verticales ‖ appelées *signe de reprise*. On met également deux barres à la fin et même parfois dans le courant du morceau, soit pour montrer qu'il est terminé, soit pour mieux faire remarquer un changement de ton, de mesure ou de mouvement (179).

*(a)* Le mot *cadenza* vient du verbe latin *cadere*, tomber, et indique l'instant où la phrase tombe, finit.

162. Qu'est-ce qu'un point d'orgue?— Peut-on faire plusieurs points d'orgue successifs?
163. De quelle manière unit-on parfois deux points d'orgue successifs?
164. Qu'appelle-t-on point d'orgue final?
165. Qu'est-ce qu'un point d'arrêt?
166. Qu'est-ce qu'un signe de reprise?

(R. M.) (S. C.)

**167.**— Lorsqu'il y a deux points *à gauche* des deux barres, il faut *faire la reprise*, c'est-à-dire recommencer le morceau s'il n'y a eu précédemment aucun autre signe de reprise; dans le cas contraire, reprendre seulement les mesures qui suivent le dernier signe de reprise ayant deux points *à droite* des deux barres.

**168.**— Les dernières mesures d'une reprise et celles qui suivent sont parfois surmontées des mots italiens *prima volta* (1ʳᵉ fois) ou *seconda volta* (2ᵈᵉ fois); dans ce cas, lorsqu'on exécute cette reprise pour la seconde fois on remplace les mesures de la 1ᵃ *volta* par celles de la 2ᵃ *volta*.

Phrase..........

à exécuter ainsi

## DES RENVOIS.

**169.**— Le *renvoi* est un signe indiquant qu'il faut recommencer à l'endroit où se rencontre le signe semblable. On se sert pour les renvois de différentes figures; voici les plus usitées.

## DES ACCORDS PLAQUÉS ET DES ACCORDS BRISÉS OU ARPÉGÉS.

**170.**— Un *accord* est la réunion de plusieurs sons superposés de tierces en tierces. Il y a des accords de 3, de 4 et de 5 sons.

Accords de 3 sons.— de 4.— de 5.

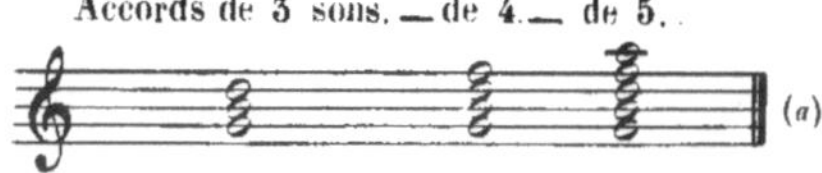


**171.**— On appelle *accords plaqués* ceux dont toutes les notes sont frappées au même moment et soutenues pendant un temps égal. Les trois accords donnés dans le paragraphe précédent sont des accords plaqués.

---

(a) Sans vouloir empiéter sur le domaine de l'harmonie, il nous semble néanmoins indispensable de faire connaître dans cet ouvrage les noms, la composition et les renversements des principaux accords dont l'emploi est si fréquent qu'il n'est guère permis à un bon musicien d'en ignorer l'existence. Ces accords se composent, *en procédant toujours du grave à l'aigu*, de la *fondamentale*, de la 3ᶜᵉ, de la 5ᵗᵉ, de la 7ᵉ et de la 9ᵉ. On les nomme:

1° *Accord parfait majeur:* la fondamentale, la 3ᶜᵉ majeure et la 5ᵗᵉ juste sont fournies naturellement par la tonique, la médiante et la dominante d'un ton majeur.....................

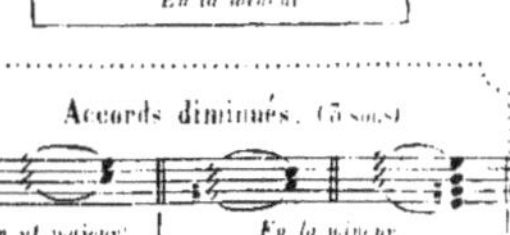


2° *Accord parfait mineur:* la fondamentale, la 3ᶜᵉ mineure et la 5ᵗᵉ juste sont fournies par la tonique, la médiante et la dominante d'un ton mineur.....................

3° *Accord diminué:* la fondamentale, la 3ᶜᵉ mineure et la 5ᵗᵉ diminuée sont fournies par la note sensible, la sus-tonique et la sous-dominante d'un ton majeur ou mineur ou bien encore par la sus-tonique, la sous-dominante et la sus-dominante d'un ton mineur.....................
(Dans les exemples suivants nous faisons suivre chaque accord de *petites notes noires* qui en indiquent les résolutions les plus fréquentes .....................

---

167. Que signifient les deux points placés à gauche d'un signe de reprise?
168. Qu'indiquent les mots 1ᵃ *volta* ou 2ᵃ *volta* écrits au dessus des dernières mesures d'une reprise et de celles qui suivent?

169. Qu'est-ce qu'un renvoi?— Quelles sont les figures de renvoi les plus usitées?
170. Qu'est-ce qu'un accord et de combien de notes peut il être composé?
171. Qu'est-ce qu'un accord plaqué?

(R. M.)  (S. C.)

172.—On nomme *accords brisés, accords arpégés* ou simplement *arpèges* les accords dont les notes sont entendues successivement.

173.—On rencontre parfois des accords plaqués précédés de ce signe ≀; il faut alors *les arpéger*, c'est-à-dire n'attaquer les notes que successivement mais en ne mettant qu'un intervalle très court entre chacune d'elles et en n'en abandonnant aucune avant la fin de l'accord.

4.° *Accord de septième dominante* dérivant d'un accord parfait majeur auquel on ajoute une 7° mineure. Cet accord se trouve naturellement en prenant comme fondamentale la dominante de l'un des deux modes.

Accords de septièmes dominantes. (4 sons)
En ut majeur. — En la mineur.

5.° *Accord de septième sensible* dérivant d'un accord diminué auquel on ajoute une 7° mineure. Cet accord se trouve sur la note sensible d'un ton majeur............

Acc: de 7° sensible. (4 sons)
En ut majeur.

6.° *Accord de septième diminuée* dérivant d'un accord diminué auquel on ajoute une 7° diminuée. Cet accord se trouve sur la note sensible d'un ton mineur............

Acc: de 7° diminuée. (4 sons)
En la mineur.

7.° *Accord de neuvième majeure* dérivant d'un accord de 7° dominante auquel on ajoute une 9° majeure. Cet accord se trouve sur la dominante d'un ton majeur............

Acc: de 9° majeure. (5 sons)
En ut majeur.

8.° *Accord de neuvième mineure* dérivant d'un accord de 7° dominante auquel on ajoute une 9° mineure. Cet accord se trouve sur la dominante d'un ton mineur............

Acc: de 9° mineure. (5 sons)
En la mineur.

Tous ces accords présentés comme nous venons de le faire, c'est-à-dire avec la fondamentale à la partie la plus grave, sont *dans leur état direct*, mais on peut aussi mettre à la basse toute autre note que la fondamentale (la 9° exceptée, dans les deux accords de neuvième) et l'on fait alors des *renversements* d'accords.

TABLEAU DES PRINCIPAUX ACCORDS, DE LEURS RENVERSEMENTS ET DE LEURS RÉSOLUTIONS NATURELLES.

Nous terminerons cette note en faisant remarquer qu'on commence généralement un morceau par l'accord tonique (accord parfait majeur ou mineur dont la fondamentale est tonique du ton, majeur ou mineur). On conclut de la même manière et l'on fait alors précéder l'accord tonique de celui de 7° dominante; c'est ce qu'on appelle *faire une cadence parfaite*.

(On voit d'après ces deux exemples que *l'accord tonique caractérise le mode du morceau* puisque cet accord est toujours *majeur* dans les tons majeurs et *mineur* dans les tons mineurs.)

172. Qu'entend-on par arpèges? | 173. Comment doit-on exécuter un accord plaqué devant lequel se trouve ce signe ≀?

(R. M.) (S. C.)

## DE L'ACCOLADE.

**174.**—L'accolade { réunissant plusieurs lignes indique que l'on doit exécuter en même temps toutes les parties écrites sur ces différentes lignes. Ainsi, la musique d'orgue, de piano ou de harpe se note sur deux lignes en accolade dont l'une est réservée aux notes à faire avec la main droite et l'autre à celles à faire avec la main gauche. Lorsque plusieurs personnes font une partie de chœur ou d'orchestre, il arrive quelquefois que cette partie se divise momentanément en deux; dans ce cas, on se sert encore de l'accolade en y ajoutant le mot italien *divisi*, divisés.

## DE L'OCTAVA.

**175.**—L'*octava* (8$^{va}$) *alta* et l'*octava bassa* sont des mots italiens que l'on écrit au dessus ou au dessous des notes pour indiquer qu'il faut les exécuter à l'8$^{ve}$ supérieure ou inférieure. L'8$^{va}$ est ordinairement suivie du signe ______ qui en détermine la durée et du mot *loco* (les notes à leur place) qui en marque la fin.

Au moyen de l'8$^{va}$ on évite dans la notation l'emploi d'un trop grand nombre de lignes additionnelles.

## DES ABRÉVIATIONS.

**176.**—Les mesures simples à 2, 3 ou 4 temps se chiffrent quelquefois, par abréviation, au moyen d'un 2, d'un 3 ou d'un 4; c'est alors à l'artiste de décomposer la mesure afin de reconnaître la valeur de chaque temps.

**177.**—On n'emploie jamais d'abréviations pour le chiffrage des mesures composées lesquelles, comme on le sait, ont toujours pour numérateur (ou chiffre supérieur) 6, 9 ou 12, selon que la mesure est à 2, 3 ou 4 temps.

**178.**—Les répétitions des mêmes notes ou des mêmes traits se notent souvent de la manière indiquée dans le tableau suivant.

# TABLEAU DES ABRÉVIATIONS LES PLUS USITÉES

POUR INDIQUER LES RÉPÉTITIONS DES MÊMES NOTES ET DES MÊMES TRAITS.

(R. M.)    (S. C.)

# 16ᵐᵉ LEÇON.

## DES MOUVEMENTS.

179.—On entend par *mouvement* le degré de vitesse ou de lenteur avec lequel on exécute un morceau.

Les mouvements s'indiquent par un renvoi au *métronome* et par des mots italiens dont nous donnerons plus bas la traduction française.

180.—Le *Métronome Maëtzel* (ainsi appelé du nom de son inventeur) est un instrument muni d'un balancier qui détermine par ses oscillations la durée d'un temps ou d'une partie de la mesure. Ces oscillations sont plus ou moins rapides, selon que l'on raccourcit ou que l'on allonge la tige du balancier dont la longueur variable correspond à des numéros que l'on reproduit en tête du morceau à exécuter, en les faisant précéder de la valeur (ronde, blanche, noire, etc.) dont une oscillation du métronome marque la durée.

### INDICATIONS DE MÉTRONOME.

181.—MOTS ITALIENS LES PLUS USITÉS POUR INDIQUER LES MOUVEMENTS, DEPUIS LE PLUS LENT JUSQU'AU PLUS RAPIDE.

**MOUVEMENTS LENTS.**

| | |
|---|---|
| *Largo ou lento* ............. signifiant ....................... | large ou lent. |
| *Larghetto (diminutif de largo)* ..................... | un peu large. |
| *Grave* ....................................... | grave, sévère. |
| *Maestoso* ....................................... | majestueux. |
| *Adagio* ....................................... | à l'aise, très posément. |
| *Cantabile* ....................................... | facile à chanter. |

**MOUV.ᵗˢ MODÉRÉ.**

| | |
|---|---|
| *Andantino ou And*ᵗⁱⁿᵒ *(diminutif du mot suivant)* ... | en marchant un peu. |
| *Andante ou And*ᵗᵉ....................................... | en marchant, en allant. |
| *Moderato ou Mod*ᵗᵒ....................................... | modéré. |
| *Tempo giusto*....................................... | mouvement juste, ni trop lent ni trop rapide. |
| *Allegretto ou All*ᵗᵗᵒ *(diminutif du mot suivant)* ..... | un peu gai. |

**MOUVEMENTS VIFS.**

| | |
|---|---|
| *Allegro ou All*ᵒ....................................... | gai, un peu vif. |
| *Agitato*....................................... | agité. |
| *Vivace*....................................... | vif. |
| *Vivacissimo*....................................... | très vif. |
| *Presto*....................................... | prompt, rapide. |
| *Prestissimo*....................................... | excessivement vif et rapide. |

182.—TERMES ITALIENS S'AJOUTANT PARFOIS AUX MOTS PRÉCÉDENTS, POUR EN MODIFIER PLUS OU MOINS L'EFFET.

| | |
|---|---|
| *Un pochetto* ....................................... | très peu. |
| *Un poco ou un po'* ....................................... | un peu. |
| *Più* ....................................... | plus. |
| *Meno* ....................................... | moins. |
| *Assai* ....................................... | très, beaucoup. |
| *Molto*....................................... | beaucoup. |
| *Ma non troppo* ....................................... | mais pas trop. |
| *Piuttosto che*....................................... | plutôt que. |
| *Bene ou ben* ....................................... | bien. |
| *Sempre*....................................... | toujours. |
| *Quasi*....................................... | presque. |

---

179. Qu'entend-on par mouvement?— De quelle manière indique-t-on les mouvements?

180. Donnez l'explication du métronome et faites connaître la manière de marquer les mouvements au moyen de cet instrument?

181. Quels sont les mots italiens les plus usités pour indiquer les mouvements?

182. Quels sont les mots italiens dont on se sert pour modifier plus ou moins l'effet de ceux que vous venez de nommer?—Quels sont encore les termes les plus usités se rapportant aux indications des mouvements?

(R. M.)     (S. C.)

AUTRES MOTS ITALIENS SE RAPPORTANT ÉGALEMENT AUX INDICATIONS DE MOUVEMENTS.

| | | |
|---|---|---|
| *Alla breve,* signifiant | brièvement, mouvement bref. |
| *Tempo di marcia* | mouvement de marche. |
| »    » *minuetto* | »    » menuet. |
| »    » *polacca* | »    » polonaise. |
| »    » *saltarella* | »    » saltarelle. |
| »    » *tarentella* | »    » tarentelle. |
| »    » *valzere* | »    » valse. |
| *Con moto* | avec mouvement. |
| *Più animato* | plus animé. |
| *Più mosso* | plus mouvementé. |
| *Meno mosso* | moins mouvementé. |
| *Più stretto* | (mouvement) plus serré. |
| *Meno stretto* | (mouvement) moins serré. |
| *Stringete ou stringendo il tempo* | serrez, en serrant le mouvement. |
| *Ritenete il tempo ou ritenuto* | retenez, en retenant »    » |
| *Rallentando* | en ralentissant »    » |
| *Ritardando* | en retardant »    » |
| *Allargando* | en élargissant »    » |
| *Ad libitum ou a piacere* | à volonté, à plaisir. |
| *Col canto ou colla voce* | avec le chant, avec la voix. |
| *Segue il canto ou segue la voce* | suivez le chant, suivez la voix. |
| *A tempo ou tempo primo* | premier mouvement. |
| *Come prima* | même mouvement qu'auparavant. |
| *L'istesso tempo* | même mouvement. |
| *Da capo* | (allez) au commencement. |
| *Al segno* | (allez) au signe. |
| *E senza replica* | et sans faire de reprises. |
| *Sino al fine* | jusqu'à la fin. |
| *Al fine ou Alla coda* | (allez) à la fin, à la péroraison du morceau. |
| *1ma Volta ou 2a Volta* | 1re fois, 2de fois. |
| *Volti subito* | tourner vite (la page). |
| *Vuota* | silence (général). |
| *Attacca subito* | attaquez de suite, sans interruption. |
| *Fine ou per finire* | fin, pour finir. |

# 17me LEÇON.

## DU STYLE ET DES NUANCES.

185.—On entend par *style* le caractère dominant d'un morceau. Une prière est d'un style religieux; une valse, d'un style léger; une marche funèbre, d'un style grave et triste, etc.

184.—Pour arriver à bien rendre le style d'un morceau de musique il faut observer soigneusement l'exactitude des *nuances* par lesquelles on indique le degré de force ou de faiblesse, de douceur ou d'énergie que l'on doit donner aux sons.

185. Qu'est-ce que le style?

184. Que doit on faire pour bien rendre le style d'un morceau?—A quoi servent les nuances?

R. M.    S. C.

185.— On se sert pour marquer les nuances des mots italiens ou des signes qui suivent:

| | | | |
|---|---|---|---|
| *Fortissimo*, par abréviation **ff**, signifiant | | | très fort. |
| *Forte* | » | **f** | fort. |
| *Mezzo forte* | » | **mf** | demi-fort. |
| *Piano* | » | **p** | doux, faible. |
| *Pianissimo* | » | **pp** | très doux. |
| *Crescendo* | » | *cresc:* | en augmentant progressivement la sonorité. |
| ◁ | | | idem. |
| *Decrescendo* | » | *decresc:* | en diminuant progressivemet. |
| ▷ | | | idem. |
| *Cresc: e decresc.* | | | en augmentant d'abord et diminuant ensuite. |
| | | | pour revenir à la sonorité première. |
| ◇ | | | idem. |
| *A poco a poco* | | | peu à peu. |
| *Sforzando* | » | *sfz* | en forçant (le son). |
| *Rinforzando* | » | *rfz* | en renforçant (la sonorité). |
| *Forte e piano* | » | **fp** | en attaquant le son avec force et l'éteignant aussitôt. |
| *Mezza voce* | » | *mez: voc:* | à mi-jeu, à mi-voix. |
| *Sotto voce* | » | *sot: voc:* | idem. |
| *Calando* | » | *cal:* | en diminuant (la sonorité). |
| *Smorzando* | » | *smorz:* | en éteignant les sons. |
| *Perdendosi* | » | *perd:* | en éteignant les sons comme s'ils allaient se perdre dans le lointain. |
| *Morendo* | » | *mor:* | la sonorité allant en mourant. |
| *Niente* | | | rien; sonorité à peine sensible. |

186.— Il est essentiel de se rappeler que *les nuances sont relatives entr'elles* et que si, par exemple, il se rencontre un *crescendo* (◁) dans le courant d'une phrase commencée *forte*, la sonorité devra augmenter du fort au très fort, tandis que si ce même *crescendo* se rencontre dans le courant d'une phrase commencée *piano*, la sonorité ne progressera que du *piano* au *mezzo forte* ou tout au plus au simple *forte*. On ne saurait attacher trop d'importance à cette remarque, car de la bonne relation des nuances entr'elles dépend en grande partie la perfection de l'exécution.

187.— Indépendamment des indications de mouvements et de nuances, on se sert encore de mots italiens pour déterminer le caractère général d'un morceau ou le sentiment particulier d'une phrase musicale. Voici les plus usités que nous avons classés à peu près suivant l'ordre des sentiments qu'ils indiquent.

**MOTS EXPRIMANT LA DOUCEUR, LA TENDRESSE.**

| | | |
|---|---|---|
| *Affettuoso* | signifiant | affectueux. |
| *Con affetto* | | avec affection, avec amour. |
| *Affettuosamente* | | affectueusement. |
| *Amoroso* | | amoureux. |
| *Con amor* | | avec amour. |
| *Con anima* | | avec âme. |
| *Dolce* | | doux. |
| *Dolcissimo* | | très doux. |
| *Con dolcezza* | | avec douceur. |
| *Espressivo* | | expressif. |
| *Con espressione* | | avec expression. |
| *Tenere* | | tendre. |
| *Con tenerezza* | | avec tendresse. |
| *Teneramente* | | tendrement. |

**MOTS EXPRIMANT LA DOULEUR.**

| | | |
|---|---|---|
| *Doloroso* | | douloureux. |
| *Con dolore* | | avec douleur. |
| *Con duolo* | | idem. |
| *Flebile* | | plaintif, lamentable. |
| *Flebilmente* | | plaintivement. |
| *Lagrimoso* | | larmoyant. |
| *Malinconico* | | mélancolique. |
| *Con malinconia* | | avec mélancolie. |
| *Mesto* | | triste. |
| *Piangendo* | | en pleurant. |
| *Supplichevole* | | suppliant. |

| | Italien | | Français |
|---|---|---|---|
| **MOTS EXPRIMANT LA GRÂCE, LA DÉLICATESSE.** | Delicato | signifiant | délicat. |
| | Con delicatezza | | avec délicatesse. |
| | Delicatamente | | délicatement. |
| | Elegantemente | | élégamment. |
| | Con eleganza | | avec élégance. |
| | Con garbo | | avec gentillesse. |
| | Grazioso | | gracieux. |
| | Con grazia | | avec grâce. |
| | Graziosamente | | gracieusement. |
| | Con gusto | | avec goût. |
| | Morbido | | délicat. |
| | Con morbidezza | | avec mollesse, avec délicatesse. |
| | Piacevole | | affable. |
| | Semplice | | simple, naïf. |
| | Semplicemente | | simplement. |
| | Con semplicità | | avec simplicité. |
| | Spiritoso | | spirituel. |
| | Con spirito | | avec esprit. |
| **MOTS EXPRIMANT L'ÉNERGIE.** | Ardito | | hardi. |
| | Con brio | | avec vivacité, brillant. |
| | Brillante | | brillant, avec éclat. |
| | Con fuoco | | avec feu. |
| | Impetuoso | | fougueux, impétueux. |
| | Con slancio | | avec élan. |
| | Deciso | | décidé. |
| | Energico | | énergique. |
| | Energicamente | | énergiquement. |
| | Feroce | | féroce. |
| | Con tutta forza | | avec toute la force possible. |
| | Marcato | | marqué. |
| | Marcando il basso | | en marquant la basse. |
| | Patetico | | pathétique. |
| | Risoluto | | résolu. |
| | Risolutamente | | résolument. |
| | Strepitoso | | bruyant, avec éclat. |
| **MOTS EXPRIMANT LES SENTIMENTS NOBLES ET RELIGIEUX.** | Alteramente | | fièrement. |
| | Con maestà | | avec majesté. |
| | Largamente | | largement. |
| | Nobile | | noble. |
| | Nobilmente | | noblement. |
| | Pesante | | lourd, pesant. |
| | Pomposo | | pompeux. |
| | Religioso | | religieux. |
| | Religiosamente | | religieusement. |
| | Sostenuto | | soutenu. |
| **MOTS EXPRIMANT LA GAÎTÉ, LA VIVACITÉ.** | Agevole | | léger, alerte. |
| | Celeramente | | avec célérité. |
| | Con allegrezza | | avec joie. |
| | Allegramente | | joyeusement. |
| | Con fretta | | avec vitesse. |
| | Giocoso | | joyeux. |
| | Leggiero ou leggiere | | léger. |
| | Leggieramente | | légèrement. |

(R. M.)     (S. C.)

| | | |
|---|---|---|
| SUITE DES MOTS EXPRIMANT LA GAÎTÉ. | *Lieto* | joyeux, gai. |
| | *Scherzo* | badinage. |
| | *Scherzando* | en badinant. |
| | *Sciolto* | délié, agile. |
| | *Vivo* | vif. |
| | *Volteggiando* | en voltigeant. |
| INDICATIONS DIVERSES. | *Appassionato* | passionné. |
| | *Appassionatamente* | passionément. |
| | *Disinvolto* | dégagé. |
| | *Legato, tutto legato* | lié, tout lié. |
| | *Lusingando* | flatteur, caressant. |
| | *Misterioso* | mystérieux. |
| | *Misteriosamente* | mystérieusement. |
| | *Pastorale* | pastoral. |
| | *Placido* | paisible, avec calme. |
| | *Portato ou portando la voce* | porté, en portant la voix. |
| | *Solo* | seul; partie principale. |
| | *Parte di ripieno ou simplement ripieno* | partie de remplissage, doublure. |
| | *Tenuto* | tenu. |
| | *Tremolo, tremolando* | tremblé; en tremblant. |
| | *Una corda* | sur une seule corde; avec un sentiment bien égal. |
| | *Vibrato, vibrando la voce* | vibré; en faisant vibrer la voix. |

# 18<sup>me</sup> LEÇON.

### DES PETITES NOTES.— DE L'APPOGGIATURE, DU GRUPPETTO ET DU PORT DE VOIX.— DES TRILLES.

**188.**—On appelle *petites notes* ou *notes d'agrément* celles qui ne font pas partie essentielle de la mélodie et n'y sont ajoutées que pour donner plus de charme, de force ou de caractère à la phrase musicale.

**189.**—Les petites notes s'écrivent avec des caractères plus petits que ceux des autres notes et sont représentées le plus souvent par des valeurs brèves, telles que croches, doubles-croches, triples-croches et quadruples-croches.

**190.**—Lorsqu'on ne fait qu'une seule petite note à la fois on peut l'écrire en barrant en travers la queue de la note.(♪) Dans ce cas, la petite note doit toujours se faire très rapidement; tandis qu'on donne généralement la valeur qu'elles indiquent aux petites notes dont la queue n'est pas barrée.

**191.**—*Il faut exécuter les petites notes sur le même temps que la note ordinaire qui suit; parconséquent la valeur de cette note doit être diminuée d'autant de temps qu'il en faut pour l'exécution des petites notes.*

Ce passage ..........

sera rendu comme s'il était noté ainsi:

et non de cette manière ..........

---

188. Qu'est-ce que les petites notes?
189. Comment les écrit-on?
190. Quelle différence existe-t-il entre la valeur d'une petite note dont la queue est barrée et celle d'une petite note non barrée?
191. Sur quel temps doit-on exécuter les petites notes?

(R. M.)      (S. C.)

## DE L'APPOGGIATURE.

192.—On donne le nom d'*appoggiatures* (a) aux petites notes se trouvant à distance d'un ton ou d'un demi-ton de la note ordinaire.

Les appoggiatures sont *supérieures* ou *inférieures*, selon qu'elles sont placées au dessus ou au dessous de la note sur laquelle elles s'appuient.

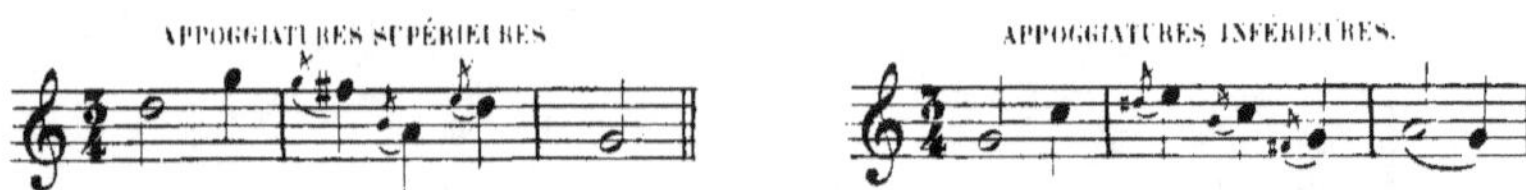


193.—Les appoggiatures ne sont pas toujours écrites avec des valeurs brèves; elles se marquent souvent avec des blanches ou des noires et s'exécutent alors en donnant à l'appoggiature la moitié de la valeur qu'elle indique: cette règle n'est cependant pas sans exceptions, mais le goût et l'expérience peuvent seuls faire comprendre à l'artiste quelle doit être l'exacte interprétation d'un passage renfermant des appoggiatures.

La phrase suivante........................ 

peut être rendue ainsi ................

ou, plus classiquement, de cette manière...

## DU GRUPPETTO.

194.—On appelle *gruppetto* ou *brisé* la réunion en un seul groupe de l'appoggiature supérieure et de l'appoggiature inférieure d'une même note.

On peut aussi faire les brisés en plaçant la note principale entre les deux appoggiatures.

Les brisés commençant par l'appoggiature *supérieure* s'indiquent souvent, par abréviation, comme dans l'exemple suivant.

Abréviations

de

## DU PORT DE VOIX.

195.—Le *port de voix* (en italien *portamento*) diffère de l'appoggiature en ce que la petite note forme un intervalle disjoint avec la note principale au lieu de s'appuyer sur elle à distance de 2<sup>de</sup> majeure ou mineure. Voici quelques exemples de ports de voix:

---

(a) Le mot *appoggiature* vient du verbe italien *appoggiare* appuyer.

(b) L'étude de la leçon vocale, N°249, donnera à l'élève une idée plus complète de l'interprétation des petites notes, appoggiatures, etc.

---

192. Qu'est-ce qu'une appoggiature?
195. Comment faut-il exécuter les appoggiatures représentées par des blanches ou des noires?

194. Qu'est-ce qu'un gruppetto ou brisé?—Quelle abréviation peut on employer pour indiquer les brisés commençant par l'appoggiature supérieure de la note principale?
195. Quelle est la différence entre le port de voix et l'appoggiature?

R. M.          S. C.

# DES TRILLES.

**196.**—On appelle *trille* la reproduction rapide et alternative de deux notes dont l'une est l'appoggiature supérieure de l'autre.

**197.**—Les trilles sont *majeurs* ou *mineurs* selon que l'appoggiature se trouve à distance de $2^{de}$ majeure ou de $2^{de}$ mineure de la note principale.

**198.**—Les trilles *s'indiquent* par les lettres *tr*, que l'on place au dessus de la note principale qui doit être *trillée*. On peut *les commencer* soit par la note principale, soit par l'appoggiature supérieure ou inférieure de cette note.

**199.**—On *finit* généralement les trilles par l'une des terminaisons suivantes:

(Arrivé à ce point de l'étude des principes théoriques, l'élève travaillera les leçons vocales contenues dans le $3^e$ et le $4^e$ livre de la $2^{de}$ partie de cet ouvrage: $N^{os}$ 201 à 250.)

# 19<sup>me</sup> LEÇON.

## DU DIAPASON DES CLEFS.—DU RAPPORT DES 7 CLEFS ENTR'ELLES.— DE LA DIVISION DE L'ÉCHELLE MUSICALE.—DES DIFFÉRENTS GENRES DE VOIX.

**200.**—On a vu dans la $1^{re}$ leçon (19) qu'une clef est un signe placé au commencement de la portée et donnant son nom à la note posée sur la même ligne; on a vu encore qu'il y a sept clefs dont nous rappelons ici la nomenclature.

---

(*a*) Il est une méthode vicieuse qui consiste à faire le trille *par en dessous*, en battant alternativement la note principale avec son appoggiature *inférieure* et en exécutant, par exemple, ce trille de cette manière au lieu de celle-ci Nous devons mettre l'élève en garde contre cette méthode qui n'est jamais employée par un artiste de goût.

(*b*) Nous compléterons cette leçon en faisant remarquer qu'autrefois on faisait presque toujours un trille sur l'avant dernière note de la phrase; de là vient que le mot *cadence* qui veut dire *fin de la phrase* s'applique aussi parfois aux trilles.

Le *diapason* de chaque clef d'ut ou de fa (c'est-à-dire la place qu'occupent dans l'échelle musicale les notes écrites sur l'une de ces clefs) peut être déterminé par le rapport de chaque clef avec celle de sol 2e ligne. Ainsi:

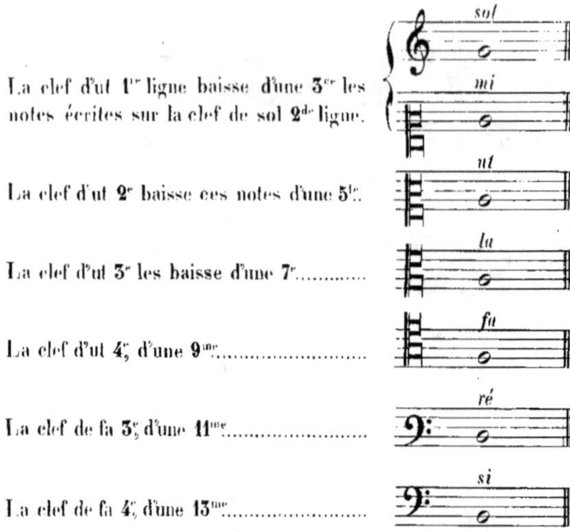


La clef d'ut 1re ligne baisse d'une 3ce les notes écrites sur la clef de sol 2de ligne.

La clef d'ut 2e baisse ces notes d'une 5te.

La clef d'ut 3e les baisse d'une 7e............

La clef d'ut 4e, d'une 9me............

La clef de fa 3e, d'une 11me............

La clef de fa 4e, d'une 13me............

## 201.— TABLEAU COMPARATIF DES SEPT CLEFS.

(Toutes les notes superposées portent le même nom et se trouvent au même diapason, c'est-à-dire à l'unisson.)

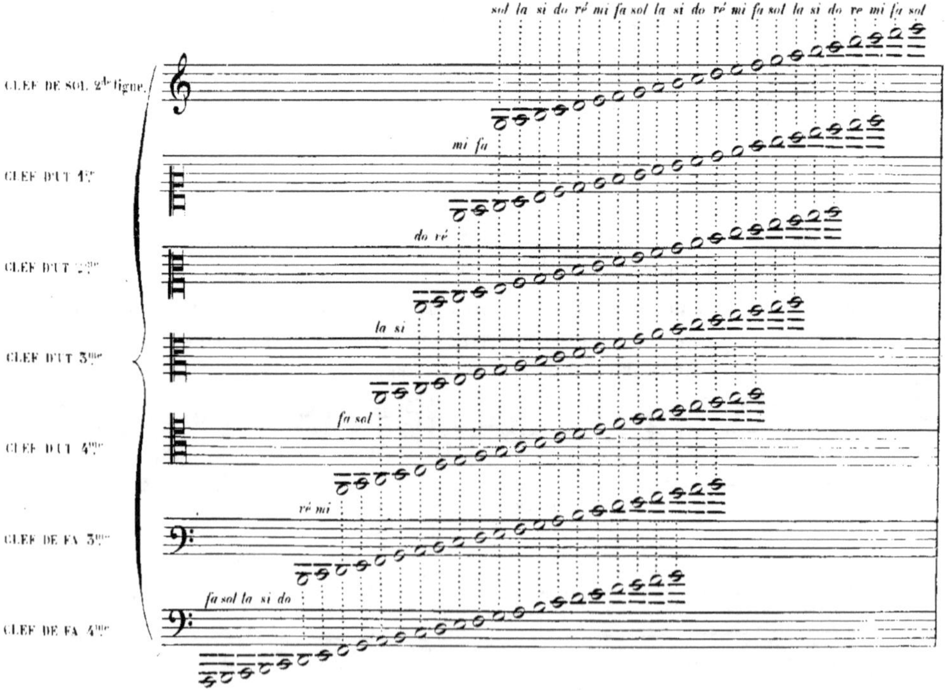

En examinant le tableau précédent on voit que les clefs sont à distance de 3ᶜᵉˢ les unes des autres.

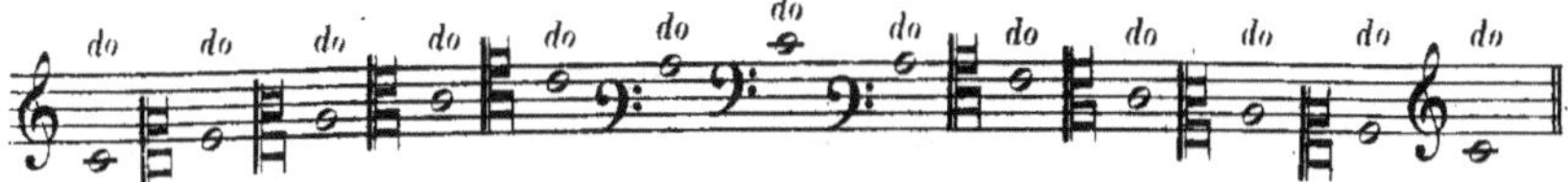

**202.**—On remarquera également que, le nombre des clefs étant égal à celui des notes, on peut représenter une gamme ascendante ou descendante au moyen d'une seule note changeant de clef à chacun des sept degrés de la gamme et que, réciproquement, une gamme ascendante ou descendante notée sur les sept clefs indique toujours une seule et même note.

## BUT DES CLEFS.

**203.**—Les clefs ont été inventées dans le but de pouvoir écrire tous les sons musicaux sans être obligé d'employer un tel nombre de lignes additionnelles que la lecture musicale en devînt parfois presqu'impossible.

Pour citer un exemple, entr'autres, ce fa ⨎ de la clef de fa 4ᵉ se trouverait noté ainsi ⨎ sur la clef de sol 2ᵈᵉ.

## DIVISION DE L'ÉCHELLE MUSICALE.

**204.**—L'échelle musicale (3) se divise en trois sections.

1° *la section du grave* contenant les sons les plus bas.

2° *la section du médium* comprenant les sons intermédiaires, ceux qui ne sont ni trop graves ni trop aigus.

3° *la section de l'aigu* renfermant les sons les plus élevés.

Les notes de la section du grave s'écrivent sur la clef de fa 4ᵉ ligne; celles de la section du medium, sur les clefs d'ut 3ᵉ et d'ut 4ᵉ et celles de la section de l'aigu, sur la clef de sol 2ᵈᵉ. Ainsi l'on écrit la contrebasse sur la clef de fa 4ᵉ; l'alto sur la clef d'ut 3ᵉ; le violon, le hautbois et la flûte, sur la clef de sol 2ᵈᵉ, etc., etc.. Le piano, l'orgue et la harpe, résumant en eux presque tous les sons musicaux, s'écrivent sur deux clefs: la clef de sol 2ᵈᵉ pour la main droite appelée à exécuter les sons les plus élevés et la clef de fa 4ᵉ pour la main gauche avec laquelle on rend les sons les plus graves. (a)

---

(a) Certains instruments, tels que le violon, la flûte, etc. s'écrivaient autrefois sur une clef qui n'est plus en usage de nos jours; c'était la clef de *sol 1ʳᵉ ligne*, haussant d'une 3ᶜᵉ les notes de la clef de sol 2ᵈᵉ ligne.

On voit qu'il y a identité de noms entre les notes de la clef de sol 1ʳᵉ et celles de la clef de fa 4ᵉ; mais il n'en est pas de même du diapason; et l'on doit remarquer qu'il y a toujours deux octaves de différence entre une note de la clef de sol 1ʳᵉ ligne et la même note écrite sur la clef de fa 4ᵉ.

Note de la clef de sol 1ʳᵉ     équivalant à celle-ci de la clef de sol 2ᵈᵉ ligne.

Note de la clef de fa 4ᵐᵉ     équivalant à celle-ci de la clef de sol 2ᵈᵉ ligne.

---

202. Que résulte-t-il du rapport existant entre le nombre des clefs et celui des notes?

203. Dans quel but a-t-on inventé les clefs?

(R. M.)

204. Comment divise-t-on l'échelle musicale?—De quelles clefs se sert-on pour écrire les notes comprises dans les différentes sections de l'échelle musicale?

(S. C.)

## DES DIFFÉRENTS GENRES DE VOIX.

205.—Il y a six espèces de voix:

### VOIX DE FEMMES OU D'ENFANTS.

*Section de l'aigu.*
1° Le *soprano* ou 1er *dessus*, s'écrivant sur la clef de sol 2de ou sur la clef d'ut 1re.
2° Le *mezzo-soprano* ou 2d *dessus*, s'écrivant comme le soprano. (*a*)

*Section du médium.*
3° Le *contralto*, s'écrivant sur la clef d'ut 3e et quelquefois aussi sur les clefs d'ut 1re ou de sol 2de.

### VOIX D'HOMMES.

4° Le *ténor* ou *taille*, s'écrivant sur la clef d'ut 4e. ligne. (*b*)

*Section du grave.*
5° Le *baryton*, s'écrivant sur la clef de fa 4e ligne. (*c*)
6° La *basse-taille*, s'écrivant comme le baryton.

206.— **TABLEAU DE L'ÉTENDUE LA PLUS COMMUNE DE CHACUNE DES SIX VOIX.**

(Toutes les notes superposées sont à l'unisson.)

On voit d'après ce tableau que les voix s'échelonnent à distance de 3ces les unes des autres et que l'étendue commune de n'importe quelle voix est de 13 degrés.

### REMARQUE IMPORTANTE.

207.—Il faut remarquer que, par suite d'un effet produit par la nature même des voix, les hommes, tout en paraissant chanter à l'unisson des femmes, *baissent d'une 8ve* le diapason des notes écrites sur les clefs de sol 2de d'ut 1re et d'ut 2e; tandis que de leur côté, les femmes chantent naturellement *à l'8ve supérieure* les notes écrites sur les clefs d'ut 4e et de fa 4e.

---

(*a*) Le mezzo soprano s'écrivait autrefois sur la clef d'ut 2e.
(*b*) Il existait anciennement des ténors, à la voix très élevée, que l'on nommait *hautes-contre* et que l'on écrivait sur la clef d'ut 3e ligne.
(*c*) On écrivait autrefois le baryton sur la clef de fa 3e.

---

# 20ᵐᵉ et dernière LEÇON.

## DE LA TRANSPOSITION VOCALE OU ORALE ET DE LA TRANSPOSITION ÉCRITE.

**208.**—On *transpose* un morceau de musique en l'exécutant ou en l'écrivant dans un autre ton que celui dans lequel il est noté.

Lorsqu'on transpose en chantant ou en jouant d'un instrument on fait une *transposition vocale* ou *orale*; lorsqu'on transpose en écrivant on fait une transposition *écrite*.

**209.**—Le but de la transposition est d'obtenir pour la voix ou pour l'instrument une exécution plus brillante et, souvent aussi, plus facile.

**210.**—Pour transposer un morceau en le lisant il faut observer les règles suivantes:

1° Reconnaître le ton du morceau.

2° Chercher quelle clef l'on doit supposer pour que la tonique du ton primitif devienne celle du nouveau ton.

3° Lire alors le morceau comme s'il était écrit sur la clef que l'on a supposée et que les accidents placés à la clef dans le ton primitif fussent remplacés par les dièses ou les bémols déterminant le ton dans lequel on transpose.

**211.**—La transposition d'un morceau doit être la même depuis le commencement jusqu'à la fin; si la première note est transposée à une 3ᶜᵉ mineure inférieure, toutes les notes seront baissées d'un ton et d'un demi-ton; si cette première note est haussée d'un ton, toutes les autres seront transposées à la 2ᵈᵉ supérieure.

**212.**—Il résulte de ce qui précède que ce qui est écrit dans un ton majeur ne peut être transposé que dans un autre ton majeur et que ce qui est écrit en mineur ne peut être transposé que dans un autre ton mineur.

**213.**—Il faut aussi remarquer que, lorsqu'on transpose, les signes d'altération changent parfois de nature et que, selon la tonalité, les dièses deviennent des doubles-dièses ou des bécarres; les bémols, des bécarres ou des doubles bémols, etc.

---

208. Qu'est-ce que transposer un morceau?
209. Quel est le but de la transposition?
210. Quelles sont les règles à observer lorsqu'on veut transposer un morceau en le lisant?
211. La transposition peut elle varier dans le cours du morceau?

212. Peut-on transposer en mineur un morceau écrit en majeur, et réciproquement?
213. Les signes d'altération restent ils les mêmes dans la transposition que dans le ton primitif?

(R. M.)     (S. C.)

# TABLEAU DE TOUTES LES TRANSPOSITIONS

QUE L'ON PEUT FAIRE SUBIR A UNE PHRASE ÉCRITE DANS LE TON D'UT MAJEUR.

214.—En étudiant avec soin le tableau précédent on fera les remarques suivantes:

1° Toute phrase écrite dans un ton majeur peut être transposée dans chacun des autres tons majeurs, de même qu'une phrase écrite dans un ton mineur peut être transposée dans chacun des autres tons mineurs.

2° Chacune des sept clefs sert pour la transposition d'un morceau à chacun des sept degrés de la gamme.

3° Pour hausser ou baisser un morceau d'un demi-ton supérieur ou inférieur, on n'a parfois qu'à supposer à la clef et devant les notes d'autres accidents que ceux qui se trouvent dans le ton primitif; tout en lisant les notes sur la même clef et en leur donnant le même nom.

4° Lorsqu'on peut transposer indifféremment dans l'un ou l'autre de deux tons synonymes entr'eux, on choisit celui qui a le moins de dièses ou de bémols à la clef; s'ils ont tous deux le même nombre d'accidents on emploie de préférence celui dont l'armure est composée de bémols parcequ'il est plus facile de jouer ou de chanter en sol bémol majeur et en mi bémol mineur qu'en fa dièse majeur et en ré dièse mineur.

## DE LA TRANSPOSITION ÉCRITE.

215.—Pour transposer un morceau en l'écrivant on aura égard aux règles suivantes:

1° Reconnaître le ton primitif du morceau et se rendre compte du rapport d'intervalle existant entre la tonique de ce ton et celle du ton dans lequel on veut transposer.

2° Écrire la transposition sur la même clef que celle employée dans le ton primitif, mais en armant cette clef des dièses ou des bémols déterminant le nouveau ton au lieu d'y laisser ceux qui appartiennent à l'ancien.

3° Observer les mêmes relations d'intervalles entre toutes les notes des deux tons et pour y arriver, changer au besoin la nature des signes d'altération placés devant les notes.

Au résumé la seule différence entre la transposition orale et la transposition écrite consiste pour celle-ci à écrire *sur la clef du ton primitif* les mêmes notes que l'on supposerait posées sur une autre clef si l'on transposait en chantant ou en jouant d'un instrument.

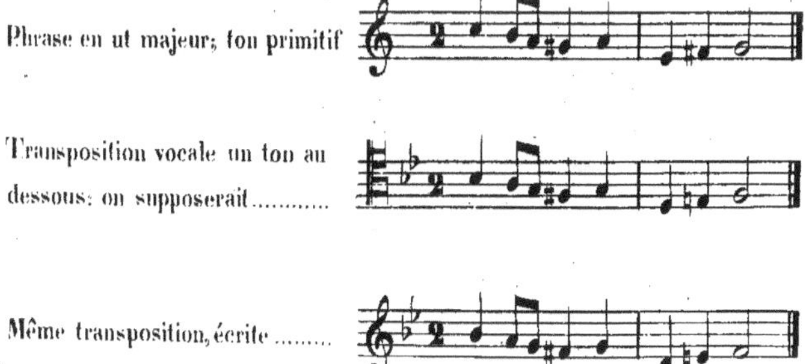

Phrase en ut majeur; ton primitif

Transposition vocale un ton au dessous; on supposerait..........

Même transposition, écrite ........

---

214. Peut-on transposer un morceau écrit en majeur dans n'importe quel autre ton majeur?— Faut-il toujours, en transposant, supposer une autre clef que celle du morceau?—Lorsqu'on peut transposer indifféremment dans l'un ou l'autre de deux tons synonymes entr'eux, lequel choisit-on de préférence?

215. Quelles sont les règles à observer pour la transposition écrite?—Quelle est la différence entre la transposition orale et la transposition écrite?

# TABLEAU DE TOUTES LES TRANSPOSITIONS ÉCRITES
## QUE L'ON PEUT FAIRE SUBIR A UNE PHRASE NOTÉE EN LA MINEUR.

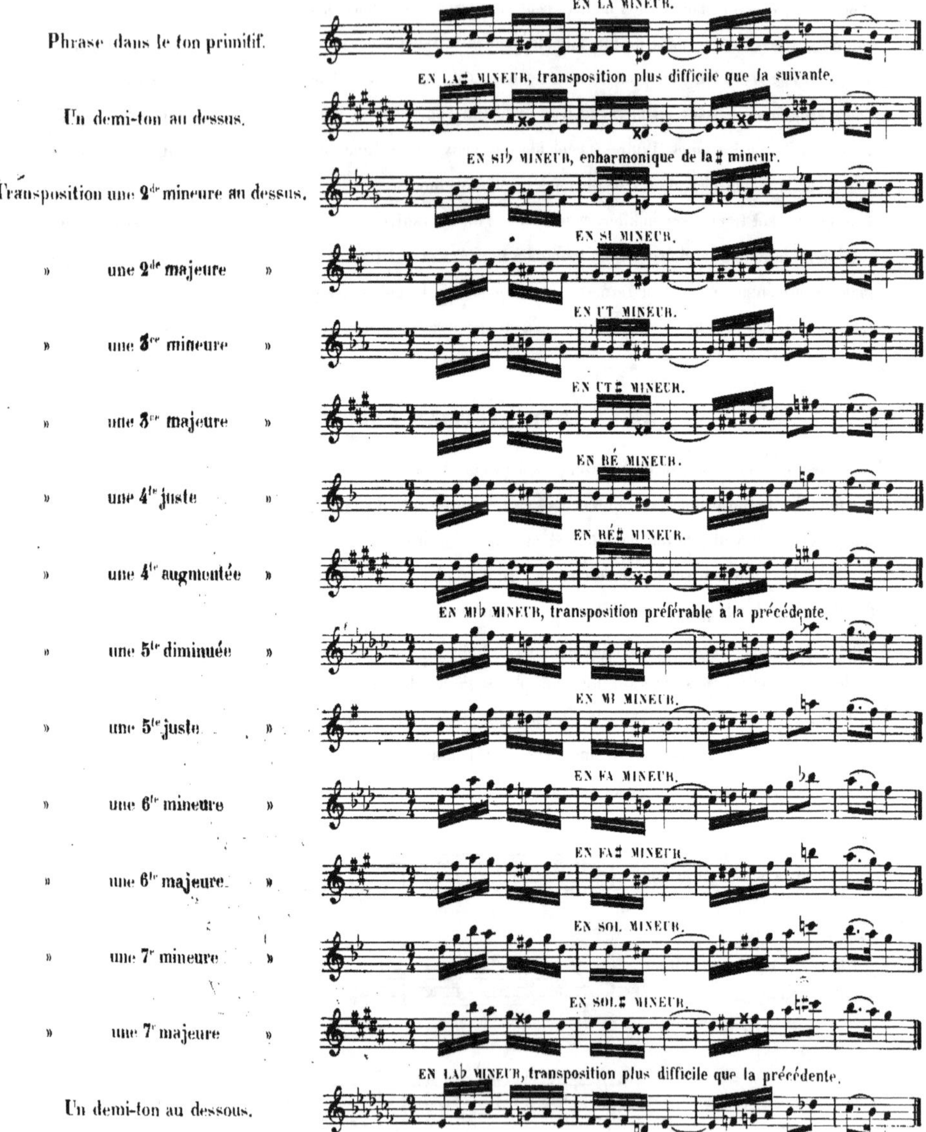


En écrivant une 8ve bas les exemples contenus dans les 3e, 4e, 5e, 6e, 7e, 8e, 9e, 10e, 11e et 12e portées de ce tableau, on obtiendrait les transpositions aux intervalles *inférieurs* de 7e majeure, 7e mineure, 6te majeure, 6te mineure, 5te juste, 5te diminuée, 4te augmentée, 4te juste, 3ce majeure, 3ce mineure, 2de majeure et 2de mineure.

(L'élève ayant terminé l'étude des principes théoriques travaillera les leçons vocales contenues dans la 3e partie de cet ouvrage: Nos 251 à 300.)

## FIN DE LA PREMIÈRE PARTIE.

(R. M.)　　(S. C.)

# SECONDE PARTIE

*LEÇONS VOCALES POUR L'APPLICATION DES PRINCIPES THÉORIQUES*
CONTENUS DANS LA 1re PARTIE. (1)

## 1er LIVRE.

ÉTUDE DE LA MESURE SIMPLE À DEUX OU QUATRE TEMPS.—DES RONDES ET DES BLANCHES,
DE LEURS SILENCES RELATIFS ET DES SYNCOPES DE CES DEUX VALEURS.

(1) L'élève ne commencera à solfier ces leçons vocales qu'après avoir étudié les six premières leçons des principes théoriques.

(2) Les 100 premières leçons de cet ouvrage devront être chantées de deux manières différentes: d'abord, en battant la mesure à 4 temps, ainsi que cela est indiqué; puis ensuite, en ne la battant plus qu'à deux temps comme si le c était barré, (₵) Il faut se rappeler que le ₵ équivaut à la mesure à $\frac{2}{2}$ tandis que le simple C représente la mesure à $\frac{4}{4}$. Il est bien entendu que, soit que l'on batte la mesure à quatre temps, ou à deux, la durée de la ronde doit toujours être la même.

(3) Les virgules (,) placées au dessus du chant indiquent les respirations. Ces respirations doivent être prises en aspirant fortement l'air de la poitrine, vivement, *mais sans bruit.* Nous recommandons aussi à l'élève de solfier toutes ces premières leçons avec toute la voix qu'il est susceptible de pouvoir donner, sans, *toutefois, jamais faire d'efforts pour en augmenter la puissance naturelle.* Il faut également *s'appliquer à chanter de la poitrine et non du nez ou de la gorge,* à prononcer distinctement le nom des notes et à éviter tout mouvement du corps et toute contorsion de la bouche ou de la tête; celui qui chante ne doit pas avoir d'autre maintien que celui qui parle.

(R. M.)  (S. C.)   Paris, MARGUERITAT Éditeur Md d'inst: Boul.t Bonne Nouvelle 21.

(¹) Lorsque deux notes du même nom sont unies par un coulé (⌒) il ne faut nommer que la première et jamais couper la liaison par une respiration.

(R. M.) (S. C.)

54
Deux Blanches par mesure.
N.º 4.
Une Blanche précédée d'une demi-pause.
N.º 5.
Rondes syncopées suivies d'une demi pause.
N.º 6.
(R. M.)  (S. C.)

Mélange des précédentes combinaisons.
N.º 7.
Blanches syncopées.
N.º 8.
(R. M.) (S. C.)

Une Ronde et deux Blanches alternativement.

Nº 9.

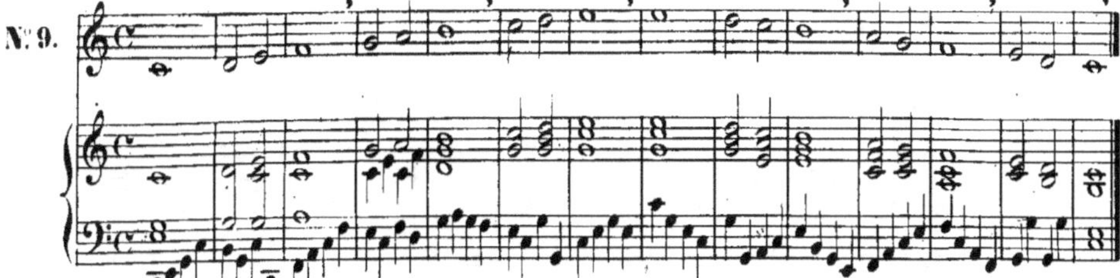

Deux Blanches et une Ronde alternativement.

Nº 10.

Autre combinaison du même exercice.

Nº 11.

Mélange de Blanches syncopées ou non.

Nº 12.

Autre combinaison du même exercice.

Nº 13.

(R. M.)   (S. C.)

EXERCICES PRÉPARATOIRES D'INTONATION POUR APPRENDRE A PASSER DE LA 1re NOTE A LA 2me A LA 3me A LA 4e etc.
Intervalles de 2es
N.° 14.
Intervalles de 3es
N.° 15.
(R. M.)   (S. C.)

(1) Dans cette mesure, comme aussi dans la 23ᵉ du même exercice, nous avons rompu la marche mélodique du chant afin d'éviter l'intervalle de 4ᵗᵉ augmentée, intervalle très difficile à prendre juste et dont l'étude ne se fera que plus tard. (Voir la leçon 207 et suivantes.)

(R. M.) (S. C.)

Intervalles de 7mes
N°19.
Intervalles d'8ves
N°20.
Intervalles de 9mes et de 10mes
N°21.
(R. M.)  (S. C.)

Mélange des Intervalles de 2ᵈᵉˢ, 3ᵉʳˢ, 4ᵗˢ et 7ᵐᵉˢ.
Nᵒ 22.
Mélange des Intervalles de 2ᵈᵉˢ, 3ᵉʳˢ, 4ᵗˢ, 5ᵗˢ, 6ᵗˢ et 7ᵐᵉˢ.
Nᵒ 23.
Mélange des Intervalles de 2ᵈᵉˢ, 3ᵉʳˢ, 4ᵗˢ et 7ᵐᵉˢ.
Nᵒ 24.
(R. M.) (S. C.)

Mélange de tous les Intervalles précédents.
N.º 25. 
RÉSUMÉ.
N.º 26. 
Moderato.
(R. M.)   (S. C.)

ETUDE DES NOIRES ET DES SOUPIRS.

Autre dérivé de l'exercice 30.
N° 32.

Autre combinaison de l'exercice précédent.
N° 33.

2 Noires suivies d'une demi-pause.
N° 34.

Même exercice en sens inverse.
N° 35.

2 Noires entourées de soupirs.
N° 36.

84
2 Noires séparées par deux Soupirs.
N.° 57.
Une Noire suivie d'un Soupir.
N.° 58.
Même exercice en sens inverse.
N.° 39.
RÉSUMÉS.
N.° 40.
Allegretto.
(R.M.) (S.C.)

**N.º 41.**

Tempo di marcia.

## ÉTUDE DES BLANCHES POINTÉES ET DES SYNCOPES DE BLANCHES ET DE NOIRES.

Une Blanche pointée suivie d'une Noire. (Dérivé du N.º 57.)

**N.º 42.**

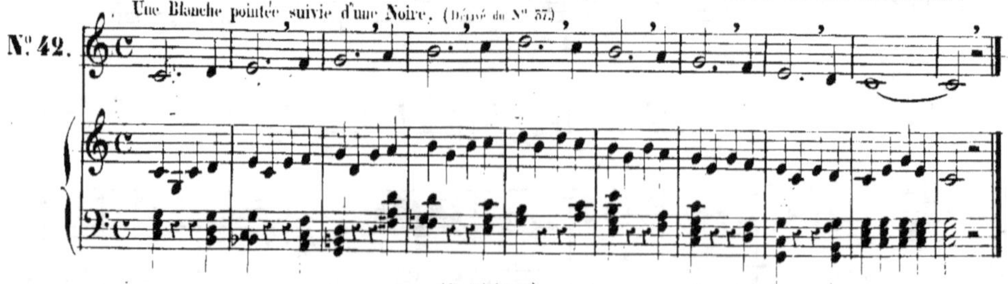

Même exercice en sens inverse. (Dérivé du Nº 55.)
Nº 43.
Autre combinaison de l'exercice précédent. (Dérivé du Nº 56.)
Nº 44.
Exercice dérivant du Nº 59.
Nº 45.
Exercice dérivant du Nº 53.
Nº 46.

(R.M) (S.C)

Exercice, dérivant du Nᵒ 31.
Nᵒ 47.
RÉSUMÉ.
Nᵒ 48.
Andantino.
(R.M) (S.C)

# ÉTUDE DES CROCHES ET DES DEMI-SOUPIRS.

Autre combinaison de l'exercice précédent.
N.° 59.
2 Croches séparées par deux Demi-Soupirs.
N.° 60.
Une Croche et un Demi-Soupir pour chaque temps de la mesure.
Un Demi-Soupir et une Croche pour chaque temps.
N.° 61.
RÉSUMÉS.
N.° 62.
Andantino.

N.° 63.
Moderato.
(R.M) (S.C)

## ÉTUDE DES NOIRES POINTÉES ET DES SYNCOPES DE NOIRES ET DE CROCHES

Nº 70.

Allº modº assai.

## ÉTUDE DES TRIOLETS ET DES SIXAINS DE CROCHES (1) (2)

Triolets sur les temps forts de la mesure (Variation du Nº 52.)

Nº 71.

Triolets sur les temps faibles de la mesure (Var. du Nº 55.)

N. 72.

(1) Nous avons pensé ne pouvoir mieux faire comprendre à l'élève la différence des divisions binaires (par 2) ou ternaires (par 3), que en donnant, comme exercice, de triolets et de sixains de croches, de simples variations des Leçons qui ont servi précédemment pour l'étude des croches sans triolets.

(2) On renverra plus loin, à l'étude des autres mesures, des triolets de Blanches, Noires, **Doubles et Triples Croches. (Voir les Nºˢ 211 212, 161 à 170, 195 à** 213 etc.)

2 Triolets dans la mesure, suivis ou précédés d'une Blanche. (Var. du N° 51.)
N° 73.
Exercice précédent écrit de manière à présenter des sixains au lieu de Triolets. (La mesure ne sera battue qu'à 2 temps.)
N° 74.
9. Croches en Triolets précédées ou suivies d'une Noire (Var. du N° 50.)
N° 75.
Un Triolet pour chaque temps de la mesure (Var. du N° 49.)
N° 76.
Même exercice battu à 2 temps et noté en sixains.
N° 77.
(B. M. & S. C.)

Triolets dont la 1.re note est remplacée par un Demi-Soupir. (Var. du N° 54.)

N° 78.

Autre combinaison. (Var. du N° 56.)

N° 79.

Même exercice avec des Syncopes remplaçant les Demi-Soupirs.

N° 80.

Autre combinaison de Triolets syncopés (Var. du N° 59.)

N° 81.

Variation du N° 60.

N° 82.

(1) Lorsque l'une des trois notes d'un Triolet n'est pas remplacée par un Silence ( comme   ): ou bien encore que deux de ces trois notes ne sont pas représentées par une seule dont la valeur est double ( comme   ): on supprime généralement le petit 3 placé au dessus des notes pour en désigner la division ternaire.

(R. M) (S. C)

Leçon donnée précédemment (N.º 70) et variée de manière à servir de résumé des exercices de triolets de croches.

# ÉTUDE DES DOUBLES CROCHES ET DES QUARTS DE SOUPIRS

Une Croche et 2 Doubles, et réciproquement.
N.º 91.
3 Doubles-Croches et un Quart de Soupir. et réciproquement.
N.º 92.
Doubles-Croches coupées par des Quarts de Soupirs (Réduction du N.º 61.)
N.º 93.
Une Croche suivie d'un Quart de Soupir et d'une Double-Croche.
N.º 94.
RÉSUMÉ.
N.º 95.
Assai mod.ᵗᵒ
(R. M.) (S. C.)

ÉTUDE DES CROCHES POINTÉES ET DES SYNCOPES DE CROCHES ET DE DOUBLES-CROCHES.
Une Croche pointée suivie d'une Double-Croche (Même exercice que le N°. 79, en remplaçant les Quarts de Soupirs par des points.)
N° 96
Liaisons sur deux Doubles-Croches du même nom.
N° 97
(R.M.) (S.C.)

Une Croche syncopant avec une double.

N° 98.

Une Croche entre deux doubles.

N° 99.

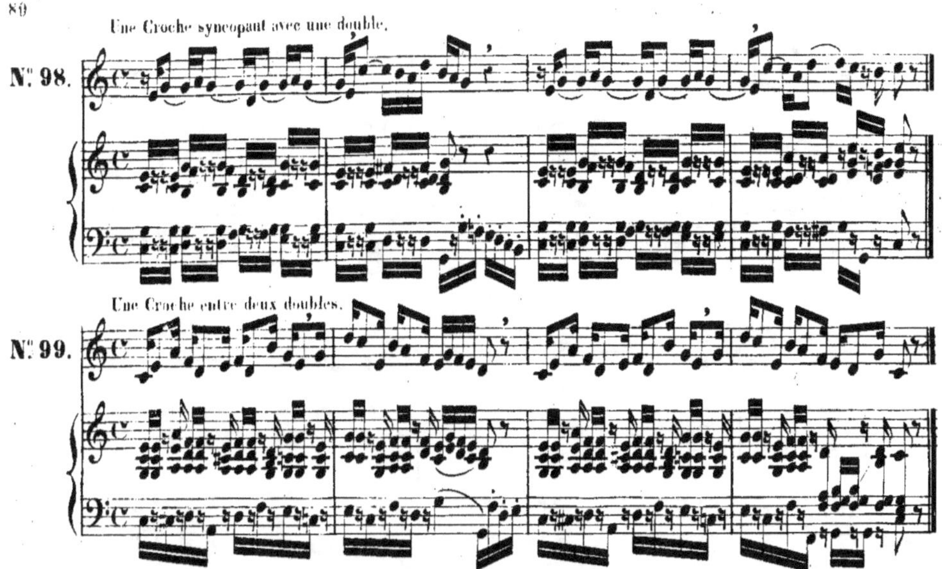

**LEÇON RÉSUMANT LES DIFFÉRENTES VALEURS DE NOTES ET LES SILENCES EMPLOYÉS JUSQU'ICI ET CONTENANT EN OUTRE DES NOIRES ET DES BLANCHES SUIVIES DE PLUSIEURS POINTS.**

N° 100.

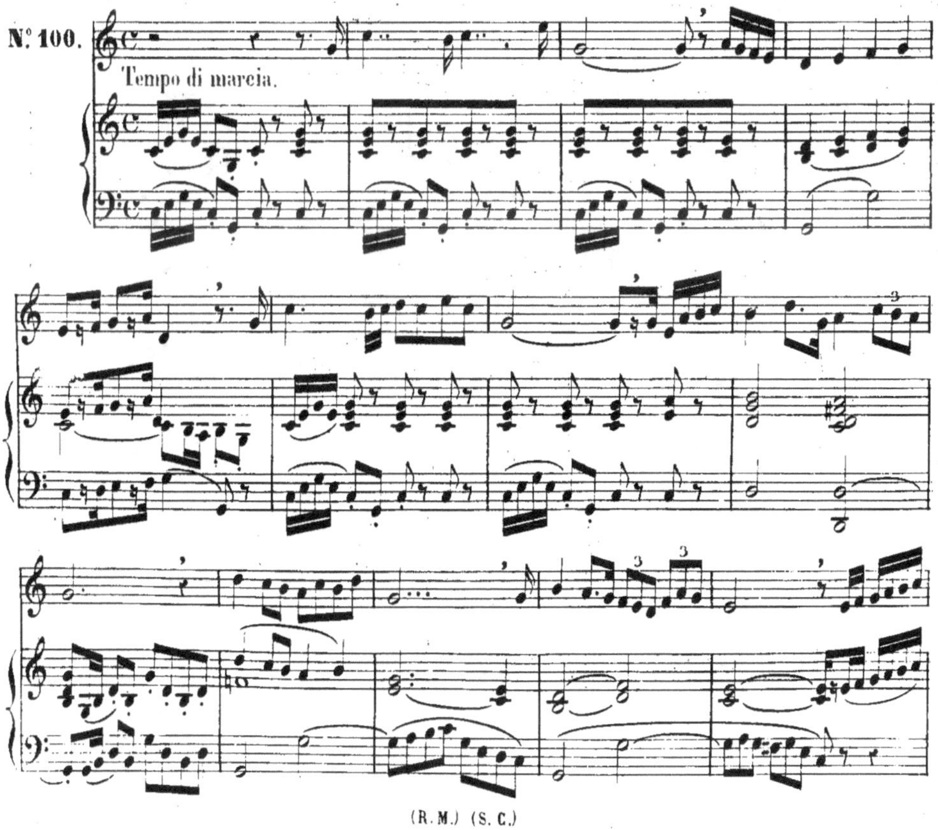

(R. M.) (S. C.)

ÉTUDE DE LA MESURE À 2/4

Chaque temps de cette mesure a la même valeur et parconséquent les mêmes subdivisions que chaque temps de la mesure à 4/4 généralement indiquée par un C.

Blanches Noires et Croches (Réduction du N° 40.)

N° 101.

Andantino.[1]

Mélange de Croches et de Demi-Soupirs (Réduction du N° 41.)

N° 102.

Tempo di marcia.

[1] Dans les N° 101, 102 et 103 il faut donner à chaque croche une durée égale à celle de chaque Noire des N° 40, 41 et 48.

(R.M.) (S.C.)

Notes pointées et syncopées. —Syncopes de Croches (Réduction du N° 48.)
N° 103.
Andantino.
(R. M.) (S. C.)

Triolets de Croches (Notation à 2/4 du N°85 écrit précédemment à quatre temps.)
N.° 104.
All.° mod.to assai.
(R.M.) (S.C.)

Mélange de Blanches, Noires, Croches, Triolets de Croches et Doubles-Croches (Notation à 2 temps du N.º 100.)

N.º 105.

Tempo di marcia.

(R.M.) (S.C.)

# ÉTUDE DE LA MESURE À $\frac{3}{4}$

Cette mesure équivaut à une mesure à 4 temps (C) dont le second serait supprimé.

## THÊME VARIÉ.

Offrant dans ses variations les combinaisons les plus usitées, en blanches, noires, croches et doubles croches.

88
N.º 110.
4.ME VAR. Syncopes de noires et de croches.
Un ½ soupir suivi de deux noires syncopées et d'une croche.
N.º 111.
5.ME VAR. Un ½ soupir et une croche pour chaque temps
Le contraire de ce qui précède.
N.º 112.
6.ME VAR. Une noire pointée suivie d'une croche et d'une noire.
Une noire pointée suivie de 2 croches et d'un ½ soupir
Moderato.
N.º 113.
7.ME VAR. Une noire suivie d'une autre noire pointée et d'une croche
Un ½ soupir suivie d'une croche et de 2 noires.
N.º 114.
8.ME VAR. Une croche suivie d'une noire syncopée et de 3 autres croches.
5 croches coupées au 2.d temps par un ½ soupir.
(R.M.)  (S.C.)

9.me VAR: Une noire précédée et suivie de 2 croches
5 croches coupées par un ½ soupir placé sur la part.
faible du 2.d temps.
N.º 115.
10.me VAR: Une noire suivie de 4 croches.
5 croches suivies d'un ½ soupir.
N.º 116.
11.me VAR: 6 croches dans la mesure ou 5 croches précédées ou suivies d'un ½ soupir.
N.º 117.
Mod.to
12.me VAR: Triolets de croches sur le 1.er temps de la mesure.
N.º 118.
13.me VAR: Triolets sur le 2.d temps de la mesure.
N.º 119.
(R.M.)   (S.C.)

14.me VAR: 2 Triolets dans la même mesure
N.º 120.
15.me VAR: Un ½ soupir et deux croches en triolets sur chaque temps de la mesure
N.º 121.
16.me VAR: Mélanges de triolets, de triolets syn-copés et de ½ soupirs.
N.º 122.
17.me VAR: Une croche pointée et une double croche pour chaque temps.
Une croche suivie d'un quart de soupir et d'une double.
N.º 123.
(R. M.)  (S. C.)

18me VAR: Une croche et deux doubles pour chaque temps.
Le contraire de ce qui précède.
N°.124.
19me VAR: Mélange de croches, de doubles croches et de ½ soupirs
N°.125.
20me VAR: Une croche suivie de 6 doubles
N°.126.
Un ½ soupir suivi de six doubles croches.
21me VAR: 4 doubles croches sur le 1er et sur le 3me temps
de la mesure.
4 doubles croches sur le 2d temps.
N°.127.
(R.M.) (S.C.)

(1) *Rhythme* est synonyme de *valeur*. Ainsi, un passage qui ne contient que des blanches est *rhythmé en blanches*; s'il renferme des noires, des blanches et des croches, c'est un mélange *rhythmique* de noires, de blanches et de croches, etc:

(R. M.) (S. C.)

(R. M.)   (S. C.)
Imp. Marguerite à St Règle (Indre-et-Loire)

# 2ᵉ PARTIE. — 2ᵉ Livre.[1]

## *DIÈSES, BÉMOLS ET BÉCARRES.*

EXERCICE EN *UT* POUR L'ÉTUDE DES GAMMES D'*UT* MAJEUR ET DE *SOL* MAJEUR
ET L'EMPLOI ACCIDENTEL DU 1ᵉʳ DIÈSE.

Même exercice, avec deux dièses à la clef, pour l'étude des Gammes de ré maj. et de la maj. et l'emploi accidentel du 3e. dièse.
N.º 133.
Même exercice, avec trois dièses à la clef, pour l'étude des Gammes de la maj. et de mi maj. et l'emploi accidentel du 4e. dièse.
N.º 134.
Même exercice, avec quatre dièses à la clef, pour l'étude des Gammes de mi maj. et de si maj. et l'emploi accidentel du 5e. dièse.
N.º 135.
(R.M.) (S.C.)

Même exercice, avec cinq dièses à la clef, pour l'étude des Gammes de *si* maj. et de *fa* maj. et l'emploi accidentel du 6.ͤ dièse.
N.º 136.
Même exercice, avec six dièses à la clef, pour l'étude des Gammes de *fa♯* et d'*ut♯* maj. et l'emploi accidentel du 7.ͤ dièse.
N.º 137.

LEÇON POUR L'EMPLOI ACCIDENTEL DE TOUS LES DIÈSES.

EXERCICE EN UT POUR L'ÉTUDE DES GAMMES D'UT ET DE FA MAJ. ET L'EMPLOI ACCIDENTEL DU 1er BÉMOL.
N.° 139.
Moderato.
Même exercice, avec un bémol à la clef, pour l'étude des Gammes de fa et de sib maj. et l'emploi accidentel du 2e bémol.
N.° 140.
(R. M.) (S. G.)

Même exercice, avec deux bémols à la clef, pour l'étude des Gammes de *si♭* et de *mi♭* maj. et l'emploi accidentel du 3.° bémol.

N.° 141.

Même exercice, avec trois bémols à la clef, pour l'étude des Gammes de *mi♭* et de *la♭* maj. et l'emploi accidentel du 4.° bémol.

N.° 142.

Même exercice, avec quatre bémols à la clef, pour l'étude des Gammes de *la♭* et de *ré♭* maj. et l'emploi accidentel du 5.° bémol.

N.° 143.

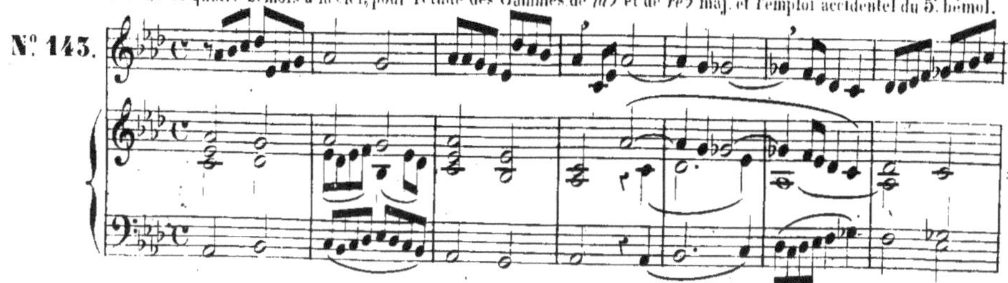

(R.M.) (S.C.)

Même exercice, avec cinq bémols à la clef, pour l'étude des Gammes de réb et de solb maj. et l'emploi accidentel du 6.e bémol.
N.o 144.
Même exercice, avec six bémols à la clef, pour l'étude des Gammes de solb et d'utb maj. et l'emploi accidentel du 7.e bémol.
N.o 145.

LEÇON POUR L'EMPLOI ACCIDENTEL DE TOUS LES BÉMOLS

N.º 146.

Andante.

(R.M.) (S.C.)

(R.M.) (S. C.)

EXERCICES POUR L'ÉTUDE DES GAMMES ASCENDANTES ET DESCENDANTES ET DES NOTES SENSIBLES
DES 12 TONS MINEURS LES PLUS EMPLOYÉS.[1]

En *LA* mineur.

[1] On trouvera plus loin à la Leçon 160, les gammes de *ré♯* mineur, de *fa♯* mineur et de *la♭* mineur qui ne sont pas comprises dans les 12 exercices suivants.
[2] Nous faisons ici les gammes mineures avec la 6.ᵉ et la 7.ᵐᵉ majeures en montant et mineures en descendant; dans une leçon ultérieure (N° 204) on rencontrera toutes les gammes mineures faites avec la 6.ᵉ mineure et la 7.ᵐᵉ majeure, en montant comme en descendant.

(R.M.) (S.C.)

Avec deux dièses à la clef.

N° 149

Avec trois dièses à la clef.

N° 150

(R. M.) (S. C.)

Avec quatre dièses à la clef et l'emploi accidentel d'un double dièse.

Avec cinq dièses à la clef et l'emploi accidentel de deux doubles dièses.

(R. M.) (S. C.)

Avec 1 bémol à la clef.

N.º 153.
N.º 154.
Avec 2 bémols à la clef.
(R. M.) (S. C.)

(R. M.) (S. C.)

Avec 5 bémols à la clef.

N.º 157.

Avec 6 bémols à la cléf.

N.º 158.

(R.M.) (S.C.)

LEÇON POUR L'EMPLOI ACCIDENTEL DES DIÈSES, DES BÉMOLS ET DES DOUBLES BÉMOLS.
Nº 159.
Moderato.
(R. M.) (S. C.)

# ÉTUDE DES CHANGEMENTS DE TONS.

RÉSUMÉ CONTENANT LES GAMMES ASCENDANTES ET DESCENDANTES DES 30 TONS MAJEURS ET MINEURS.

113
(R. M.) (S. G.)

114
(R. M.) (S. C.)

# ÉTUDE DES TRIOLETS ET DES SIXAINS DE DOUBLES CROCHES.

10 EXERCICES, DANS DES TONS N'AYANT QU'UN OU DEUX DIÈSES OU UN OU DEUX BÉMOLS A LA CLEF, CONTENANT
LES DIVERSES COMBINAISONS DE DOUBLES CROCHES EN TRIOLETS SIMPLES OU DOUBLES
EMPLOYÉES DANS LES MESURES SIMPLES A DEUX, TROIS OU QUATRE TEMPS.

MESURE A $\frac{2}{4}$.

Triolets sur les 3 premières ou les 3 dernières Croches.
Nº 165.
Un ou deux Sixains dans la mesure et Triolets
sur la première ou la dernière Croche.
Nº 166.
MESURE A 3/4 — MÉLANGE DE TRIOLETS ET DE SIXAINS.
Nº 167.
Ben Modto.
Nº 168.
Ben Modto.
(R. M.)   (S. C.)

MESURE À 4 TEMPS (C) — MÉLANGE DE TRIOLETS ET DE SIXAINS.
N° 169.
And.te
N° 170.
And.no
(R. M.) (S. C.)

# ÉTUDE DE LA MESURE COMPOSÉE À $\frac{6}{8}$.

Cette mesure dérive de la mesure simple à $\frac{2}{4}$; la valeur de chaque temps est d'une noire pointée, celle de toute la mesure d'une blanche pointée.

## 18 LEÇONS DANS LES TONS LES PLUS USITÉS, OFFRANT TOUS LES RHYTHMES PRINCIPAUX DE LA MESURE A $\frac{6}{8}$, FORMÉS DE BLANCHES, NOIRES, CROCHES, DOUBLES CROCHES ET TRIOLETS DE DOUBLES CROCHES.

Six Croches dans chaque mesure.
N° 176.
All⁰
Une Noire précédée ou suivie de deux doubles croches.
N° 177.
Mod⁰
Combinaisons de Croches simples et pointées et de doubles croches.
N° 178.
And⁰
(R. M.    (S. C.)

Syncopes de Croches.
N° 179.
Mod¹⁰
Diverses combinaisons de deux doubles croches alternant avec deux Croches.
N° 180.
All¹⁰
Une Croche pointée suivie de 3 doubles croches.
N° 181.
All¹⁰
Une Croche précédée ou suivie de 4 doubles croches.
N° 182.
All¹⁰
(R. M.)   (S. C.)

Six doubles croches par temps.

N° 185.

All° ma non troppo.

Cinq doubles croches précédées ou suivies d'un quart de Soupir.

N° 184.

All^tto.

Un Triolet de doubles croches sur la 1ʳᵉ ou la 3ᵉ Croche de chaque temps.
Nᵒ 185.
Andᵗⁿᵒ

Un Triolet de doubles croches placé successivement sur l'une des Croches de la mesure.
Nᵒ 186.
Andᵗⁿᵒ

Une Croche précédée ou suivie de deux Triolets de doubles croches.
Nᵒ 187. 
Andᵗⁿᵒ
(R. M.   (S. C.)

125
Diverses combinaisons de Croches et de Triolets de doubles croches.
N.º 188.
And.ᵗᵒ
(R. M.) (S. C.)

N° 189.
And.te
(R. M.)  (S. C.)

127
(R. M.) (S. C.)

## ÉTUDE DE LA MESURE COMPOSÉE À $\frac{12}{8}$, DÉRIVANT DE LA MESURE SIMPLE À $\frac{4}{4}$ OU C.

Chaque temps de cette mesure à la même valeur et les mêmes subdivisions que chaque temps de la mesure à $\frac{6}{8}$, par conséquent une mesure à $\frac{12}{8}$ équivant à deux mesures à $\frac{6}{8}$, ainsi qu'on s'en rendra compte par l'exemple suivant.

MÊME LEÇON QUE LA PRÉCÉDENTE, NOTÉE A $\frac{12}{8}$ AU LIEU DE $\frac{6}{8}$.

(R. M.)   (S. C.)

(R. M.)   (S. C.)

N° 191.
And.ᵗᵉ
(R. M.)   (S. C.)

129
(R. M.)  (S. C.)

## ÉTUDE DE LA MESURE COMPOSÉE À $\frac{9}{8}$, DÉRIVANT DE LA MESURE SIMPLE À $\frac{3}{4}$.

Chaque temps de cette mesure est égal à un temps d'une mesure à $\frac{6}{8}$ ou à $\frac{12}{8}$; la mesure entière a la valeur d'une blanche et d'une noire pointées.

LEÇON SUR LES RHYTHMES PRINCIPAUX, COMPOSÉS DE BLANCHES, NOIRES, CROCHES ET DOUBLES CROCHES.

RHYTHMES COMPOSÉS DE DOUBLES CROCHES EN TRIOLETS.

Nᵒ 193.

Andᵗⁿᵒ

RÉSUMÉ DE TOUS LES RHYTHMES CONTENUS DANS LES DEUX LEÇONS PRÉCÉDENTES.

N° 194.

# ETUDE DES TRIPLES CROCHES SIMPLES OU EN TRIOLETS ET DES QUADRUPLES CROCHES.

LECON CONTENANT TOUS LES RHYTHMES DE TRIPLES ET DE QUADRUPLES CROHES LES PLUS
USITÉS DANS LA MESURE A $\frac{2}{4}$.

12
(R M.)  (S. C.)

LEÇON POUR L'EMPLOI DES TRIPLES CROCHES DANS LA MESURE A $\frac{3}{4}$.

LEÇON POUR L'EMPLOI DES TRIPLES ET DES QUADRUPLES CROCHES DANS LA MESURE A 4 TEMPS.
N°. 197.
Largo.
(R. M. (S. C.)

(R. M.   (S.C.)

LEÇON CONTENANT TOUS LES RHYTHMES DE TRIPLES ET DE QUADRUPLES CROCHES LES PLUS USITÉS DANS LA MESURE A $\frac{6}{8}$.

N.198.

(R. M.  (S. C.)

140.
(R. M. (S. C.)

LEÇON POUR L'EMPLOI DES TRIPLES CROCHES DANS LA MESURE A 9/8.
N.º 199.
And.te
(R. M. (S. C.)

(R. M) (S. C)

LEÇON POUR L'EMPLOI DES TRIPLES ET DES QUADRUPLES CROCHES DANS LA MESURE À $\frac{12}{8}$

N.º 200.

Adagio assai.

## 2me PARTIE — 3me Livre.(1)

### ÉTUDE DES INTERVALLES CHROMATIQUES.

N° 201.

Modto

### ÉTUDE DES INTERVALLES ENHARMONIQUES.

N° 202.

Modto

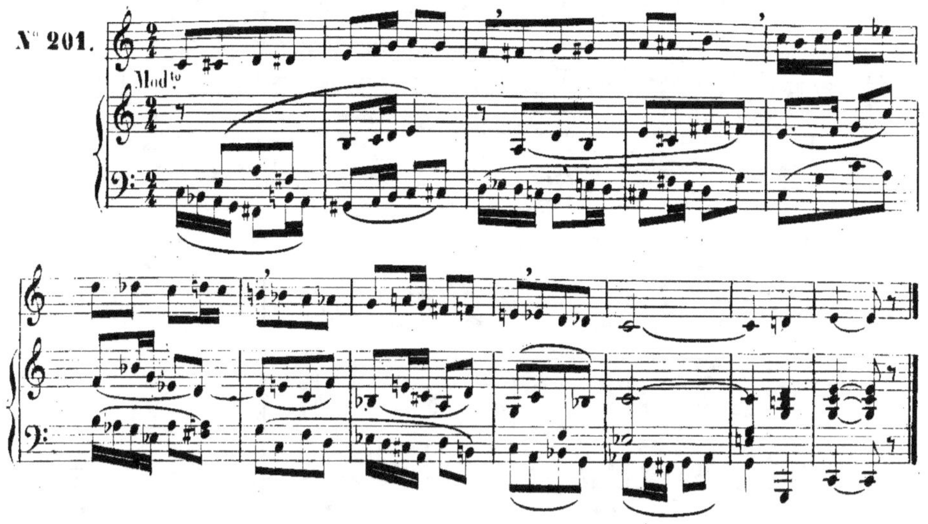

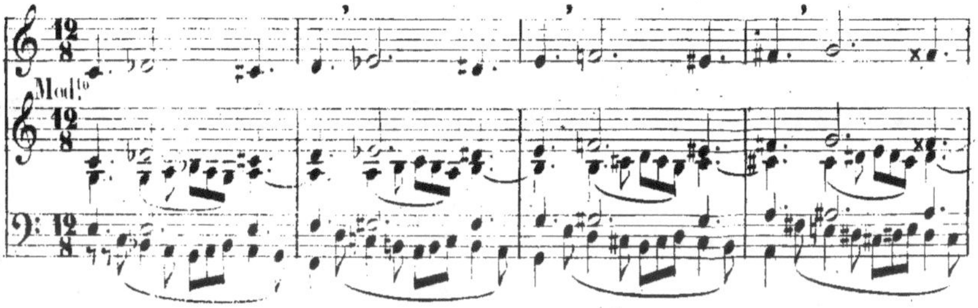

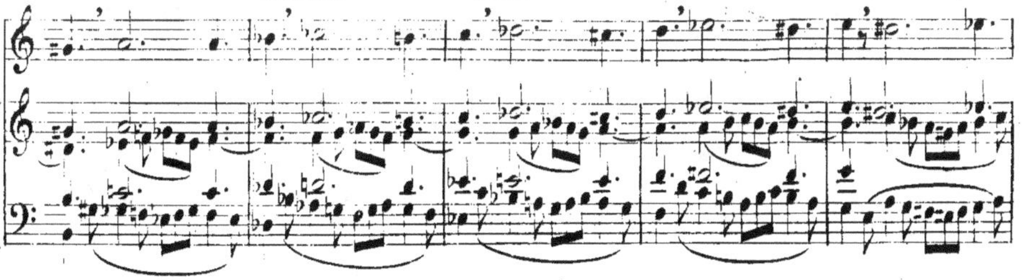

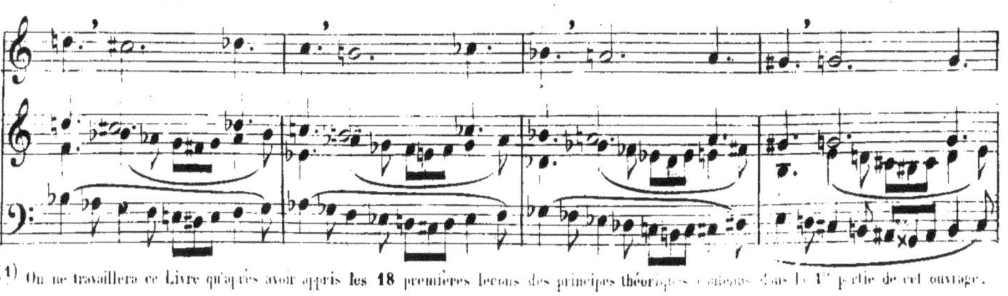

(1) On ne travaillera ce Livre qu'après avoir appris les 18 premières leçons des principes théoriques contenus dans la 1re partie de cet ouvrage.

(1) Nous n'avons pas compris dans les leçons suivantes, qui ont pour objet l'étude des intervalles augmentés et diminués, ceux qui ne se rencontrent guère que dans la musique instrumentale ; tels sont les intervalles d'octaves diminuées et de sixtes augmentées.

LEÇON CONTENANT TOUTES LES GAMMES MINEURES FAITES AVEC LA SIXTE MINEURE
ET LA SEPTIÈME MAJEURE, EN MONTANT COMME EN DESCENDANT.

ÉTUDE DE L'INTERVALLE DE TIERCE DIMINUÉE.

ÉTUDE DE L'INTERVALLE DE QUARTE AUGMENTÉE.
N° 207.
And^{no}

N° 208.

All<sup>tto</sup>

ÉTUDE DE L'INTERVALLE DE QUINTE DIMINUÉE.

N° 209.

All<sup>tto</sup>

ÉTUDE DE L'INTERVALLE DE QUINTE AUGMENTÉE.

N° 210.

Mod.<sup>to</sup>

## COMPLÉMENT DE TOUTES LES MESURES SIMPLES — ÉTUDE DES BRÈVES, DES MAXIMES ET DE LEURS SILENCES CORRESPONDANTS, LES BÂTONS DE 2 OU 4 PAUSES.

### MOUVEMENTS — NUANCES — POINTS D'ORGUE ET POINTS D'ARRÊT

MESURE À $\frac{4}{1}$

Chaque temps a la valeur d'une Ronde. La mesure entière vaut 1 Maxime, 2 Brèves, 4 Rondes, 8 Blanches, etc.

cresc.
cresc.
f
f
ff
(R. M.) (S. C.)

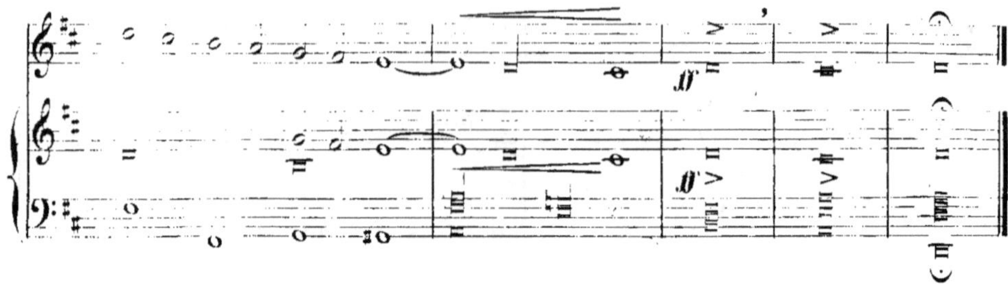

## MESURES À $\frac{4}{2}$ ET $\frac{2}{1}$.

La mesure à $\frac{4}{2}$ a quatre temps dont chacun a la valeur d'une Blanche; la mesure à $\frac{2}{1}$ a deux temps dont chacun vaut une Ronde; par conséquent la valeur totale de chacune de ces deux mesures est la même et lorsque l'élève aura chanté la leçon suivante en battant la mesure à quatre temps, d'après la notation à $\frac{4}{2}$, il la redira en ne battant la mesure qu'à deux temps, d'après la notation à $\frac{2}{1}$.

### RÉDUCTION DE LA LEÇON PRÉCÉDENTE.

N° 212.

FUGUE.

(1) Donnez aux Blanches la même durée que celle des Rondes du N° 211.
(2) Le mouvement est indiqué d'après la mesure à $\frac{4}{2}$, lorsque l'on ne battra que deux temps, il est clair que chaque temps devra avoir la durée de deux temps de la mesure à $\frac{4}{2}$.

cresc.
dim.
cresc.
pp
p
cresc.
cresc.
dim.
f
ff
tr
(R. M) (S. C)

## MESURES À 4/4 (ou C) ET 2/2 (ou ₵)

Ainsi qu'on a déjà dû s'en rendre compte précédemment, les Mesures à 4/4 et à 2/2 ont toutes deux la même valeur totale. On ne donne ici la réduction suivante que pour bien démontrer le rapport qui existe entre les mesures à 4/1, 4/2, 2/1, 2/2 et 4/4. Ainsi, une mesure à 4/1 en vaut deux à 4/2, deux à 2/1, quatre à 4/4 et quatre à 2/2; et réciproquement, il faut quatre mesures à 4/4 ou à 2/2 et deux à 4/2 ou à 2/1 pour former une mesure à 4/1.

### RÉDUCTION DE LA LEÇON PRÉCÉDENTE (Double réduction du Nᵒ 211)

Cette leçon sera d'abord chantée en battant la mesure à 4 temps, puis ensuite en ne la battant qu'à 2.

(1) Donnez aux Noires la même durée que celle des Blanches du Nᵒ 212 ou des Rondes du Nᵒ 211.

(E. M.) (S. C.)

ff
f
cresc.
ff
dim.
cresc.
cresc.
dim.
p
p
cresc.
f
f
tr
f
f
f
ff

## MESURES À $\frac{4}{8}$ ET $\frac{2}{4}$.

La mesure à $\frac{4}{8}$ a quatre temps dont chacun a la valeur d'une Croche: la mesure à $\frac{2}{4}$ a deux temps dont chacun vaut une noire; par conséquent la valeur totale de chacune de ces deux mesures est la même. Lorsqu'on aura chanté la leçon suivante en battant la mesure à quatre temps, d'après la notation à $\frac{4}{8}$, on la redira en ne battant la mesure qu'à deux temps, d'après la notation à $\frac{2}{4}$.

p
cresc.
mf
cresc.
mf
p
p
sf
pp
(R.M) (S.C)

## MESURE À $\frac{2}{8}$.

Cette mesure a deux temps dont chacun a la valeur d'une Croche; la mesure entière vaut une Noire. Une mesure à $\frac{2}{8}$ équivaut donc à une demi-mesure à $\frac{2}{4}$ ou à $\frac{4}{8}$, et réciproquement, une mesure à $\frac{2}{4}$ ou à $\frac{4}{8}$ en vaut deux à $\frac{2}{8}$.

### RÉDUCTION DE LA LEÇON PRÉCÉDENTE.

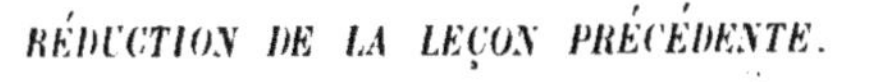

Nº 215.

(1) Donnez aux Croches la même durée que celle des Noires du Nº 214.
(2) Pour être exact, il faudrait représenter ce silence par un soupir; mais on sait que la pause indique aussi le silence d'une mesure quelconque à 2, 3 ou 4 temps, simple ou composée.

(R.M) (S.C)

p
cresc.
mf
dolce.
p
p
sf
pp
(R. M.) (S. C.)

# LEÇON ÉCRITE DANS TOUTES LES MESURES SIMPLES À TROIS TEMPS
### NOTATION À $\frac{3}{1}$.

Chaque temps de cette mesure a la valeur d'une Ronde. La mesure entière vaut une Brève pointée, 3 Rondes, 6 Blanches, 12 Noires, etc.

(R. M.) (S. C.)

MÊME LEÇON NOTÉE À $\frac{3}{2}$.

Chaque temps vaut une Blanche; la mesure entière vaut une Ronde pointée, 3 Blanches, 6 Noires, etc. La mesure à $\frac{3}{2}$ a donc la moitié de la valeur de la mesure à $\frac{3}{1}$.

(1) Donnez aux Blanches la durée des Rondes du N.º 216.

(R. M.) (S. C.)

On remarquera que cette mesure a la moitié de la valeur de la mesure à $\frac{3}{2}$.

Lento. (1)

(1) Donnez aux Noires la durée des Rondes du N.º 216, ou des Blanches du N.º 217.

(R. M.) (S. C.)

Chaque temps vaut une Croche; la mesure entière vaut une Noire pointée, 5 Croches, 6 Doubles croches, etc. La mesure à $\frac{5}{8}$ a donc la moitié de la valeur de la mesure à $\frac{5}{4}$.

(1) Donnez aux Croches la durée des Rondes du N° 216, des Blanches du N° 217, ou des Noires du N° 218.

(R. M.) (S. C.)

SUITE DE L'ÉTUDE DE LA MESURE À $\frac{3}{8}$.

cresc.
f
p
p
cresc.
f
p
f
(R. M.)   (S. C.)

All° risoluto.
N.° 221.
All° risoluto.
cresc.
cresc.
1.ª Volta. 2.ª Volta
1.ª Volta. 2.ª Volta FINE.
FINE.
(R. M.) (S. C.)

Un po' più animato.
dolce.
p
cresc.
cresc.
dim.
p
cresc.
dim.
cresc.
dim.
cresc.
dim.
p
cresc.
dim.
p
1ª Volta.
2ª Volta.
al segno
e senza replica.
1ª Volta.
2ª Volta.
al segno
e senza replica.
f

## COMPLÉMENT DES MESURES COMPOSÉES À DEUX ET À QUATRE TEMPS.

### LEÇON POUR L'ÉTUDE DES MESURES COMPOSÉES À $\frac{6}{2}$ ET À $\frac{12}{2}$
### DÉRIVANT DES MESURES SIMPLES À $\frac{2}{1}$ ET À $\frac{4}{1}$.

Chaque temps d'une mesure à $\frac{6}{2}$ ou à $\frac{12}{2}$ a la valeur d'une ronde pointée. Une mesure entière à $\frac{6}{2}$ vaut une brève pointée, 2 rondes pointées, 6 blanches, 12 noires, etc. Une mesure entière à $\frac{12}{2}$ vaut le double, c'est à dire une maxime pointée, 2 brèves pointées, 4 rondes pointées, 12 blanches, etc.

## ÉTUDE DES MESURES COMPOSÉES À $\frac{6}{4}$ ET À $\frac{12}{4}$ DÉRIVANT DES MESURES SIMPLES À $\frac{2}{2}$ ET À $\frac{4}{2}$.

Chaque temps d'une mesure à $\frac{6}{4}$ ou à $\frac{12}{4}$ a la valeur d'une blanche pointée. Une mesure entière à $\frac{6}{4}$ vaut une ronde pointée, 2 blanches pointées, 6 noires, 12 croches, etc. Une mesure entière à $\frac{12}{4}$ vaut le double, c'est à dire, une brève pointée, 2 rondes pointées, 6 blanches, 12 noires etc...

### RÉDUCTION DE LA LEÇON PRÉCÉDENTE

(1) Donnez aux noires la durée des blanches de la leçon précédente. (R.M.) (S.C.)

dim.
12/4
pp
dim.
pp
6/4
6/4
12/4
12/4
p
p
p
p
(R. M.) (S.C.)

MÊME LEÇON RÉDUITE À $\frac{6}{8}$ ET À $\frac{12}{8}$ ET NOTÉE ENHARMONIQUEMENT EN *FA* ♯ MAJEUR
AU LIEU DE *SOL* ♭.

(1) Donnez aux croches la durée des blanches du N.º 222 ou des noires du N.º 223.   R.M.) (S.C.)

p
p
dim.
dim.
12/8
pp
pp
12/8
12/8
6/8
p
6/8
p
6/8
12/8
12/8
12/8
p

## ÉTUDE DES MESURES COMPOSÉES À $\frac{6}{16}$ ET À $\frac{12}{16}$ DÉRIVANT

## DES MESURES SIMPLES À $\frac{2}{8}$ ET À $\frac{4}{8}$.

Chaque temps d'une mesure à $\frac{6}{16}$ ou à $\frac{12}{16}$ a la valeur d'une croche pointée. Une mesure entière à $\frac{6}{16}$ vaut une noire pointée, 2 croches pointées, 6 doubles croches, 12 triples et 24 quadruples. Une mesure entière à $\frac{12}{16}$ vaut le double, c'est à dire: une blanche pointée, 2 noires pointées, 6 croches 12 doubles, 24 triples et 48 quadruples.

### RÉDUCTION DE LA LEÇON PRÉCÉDENTE.

(1) Donnez aux doubles croches la durée des blanches du N.º 222, des noires du N.º 223 ou des croches du N.º 224. (R. M)   (S. C.)

dim.
dim.
pp
pp
12
16
12
16
12
16
6
16
6
16
12
16
12
16
p
p
p
p
p
p
(R. M.) (S. C.)

## LEÇON ÉCRITE DANS TOUTES LES MESURES COMPOSÉES À TROIS TEMPS.

### NOTATION À $\frac{9}{2}$.

Cette mesure dérive de la mesure simple à $\frac{3}{1}$. Chaque temps a la valeur d'une Ronde pointée. La mesure entière vaut 3 Rondes pointées, 9 Blanches, 12 Noires, etc.

dim.
f
p
cresc.
cresc.
ff
ff
pp
pp
(R.M) (S.C)

## MÊME LEÇON NOTÉE À $\frac{9}{4}$.

Cette mesure dérive de la mesure simple à $\frac{3}{2}$. Chaque temps a la valeur d'une Blanche pointée. La mesure entière vaut 3 Blanches pointées, 9 Noires, 18 Croches, etc.

(1) Donnez aux Noires la durée des Blanches de la leçon précédente.

(R. M) (S. C)

dim.
f
p
cresc.
cresc.
ff
pp
ff
pp
(R.M.) (S.C.)

MÊME LEÇON RÉDUITE À $\frac{9}{8}$ ET NOTÉE ENHARMONIQUEMENT EN *MIb* MINEUR AU LIEU DE *RÉ♯*.

Donnez aux Croches la durée des Blanches du N° 226 ou des Noires du N° 227.

(R. M) (S. C)

dim.
f
p
cresc.
ff
pp
pp
ff

## MÊME LEÇON NOTÉE À $\frac{9}{16}$.

Cette mesure dérive de la mesure simple à $\frac{3}{8}$. Chaque temps a la valeur d'une Croche pointée. La mesure entière vaut **3** Croches pointées, **9** Doubles Croches, **18** Triples et **36** Quadruples.

(1) Donnez aux Doubles Croches la durée des Blanches du N.º 226, des Noires du N.º 227 ou des Croches du N.º 228.

dim.
f
p
cresc.
pp
pp
ff
(R.M).(S.C)

AUTRE LEÇON POUR L'ÉTUDE DE LA MESURE À $\frac{9}{16}$.

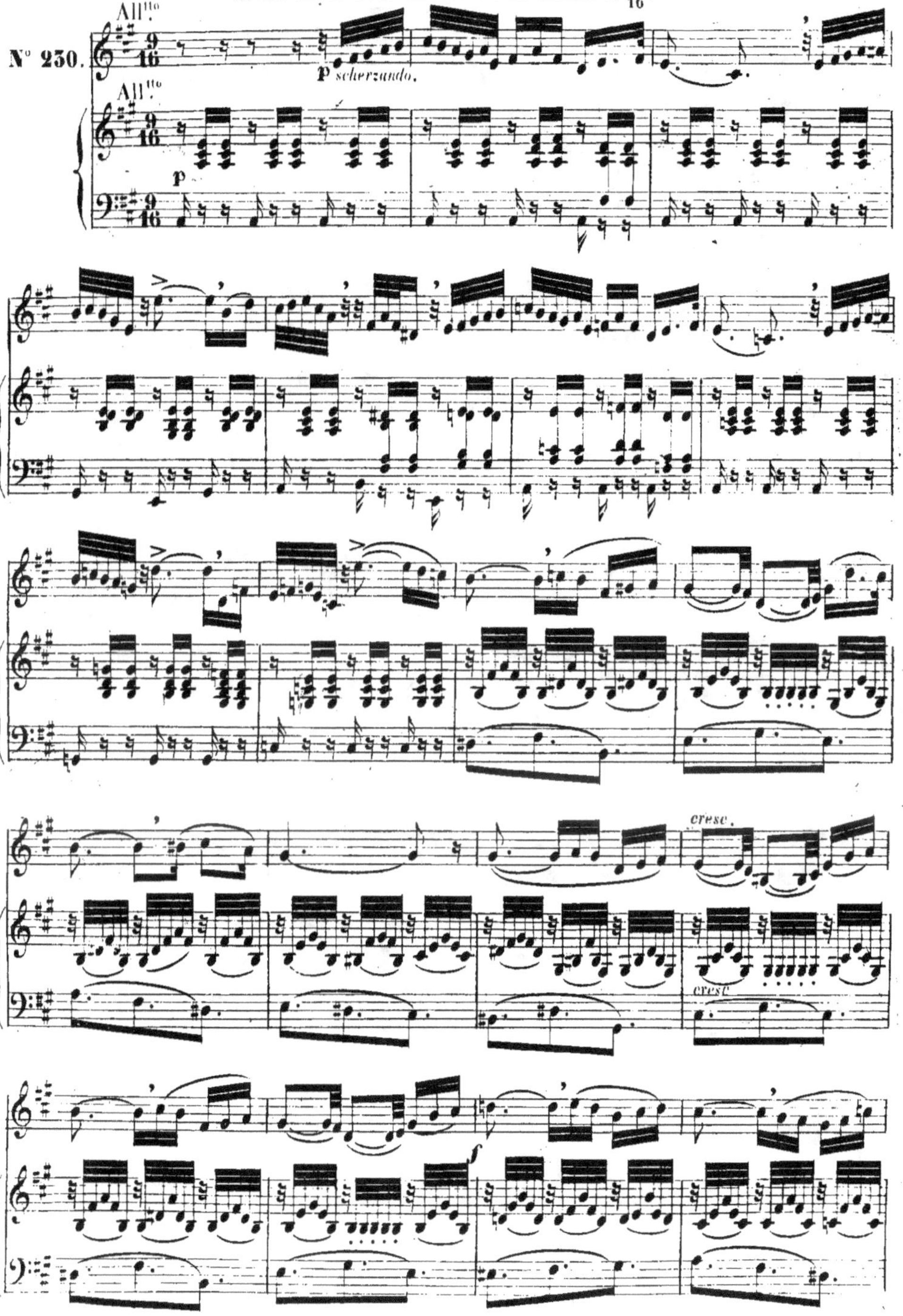

(R.M) (S.C)

## 2ᵉ PARTIE. — 4ᵐᵉ LIVRE.

20 LEÇONS DE PERFECTIONNEMENT, PROGRESSIVES ET CARACTÉRISTIQUES, ÉCRITES SUR LA CLEF DE SOL 2ᵈᵉ LIGNE, DANS TOUTES LES MESURES ET DANS LES 20.TONS DIÉSÉS ET BÉMOLISÉS LES PLUS USITÉS.

**MARCHE.**[1]

[1] En donnant un titre à chacune des vingt leçons caractéristiques qui suivent, nous n'avons eu d'autre prétention que celle de mieux faire comprendre la variété de style que nous avons cherchée dans le but d'initier l'élève aux différents genres de morceaux de musique que l'on rencontre le plus souvent.

192
a tempo.
ff a tempo.
ff
mf
ff
mf
SÉRÉNADE.
Alltto non troppo. dolcissimo.
N° 232
Alltto non troppo.
p
mf
mf

195

POLONAISE.

N.º 233.

# RONDE DE NUIT.

f
sf
p
pp
pp
cres.
dim.
pp
dim.
pp
cres
cres
pp
p
3
3
(R. M.) (S. C.)

CHASSE.

N.º 235.

dim.
cres a poco a poco.
cres.
(R.M)(S.C.)
(écho)
un poco ritenuto.

# MARCHE RELIGIEUSE.

sempre legato.
p
dim.
pp
pp
mf
mf
pp
pp
ff
ff
cres
fff
ff
ff
cresc.
fff
(R. M.) (S. C.)

CANON

N.º 237.
All.tto scherzando.
All.tto scherzando.
pp
pp
nf
f
cres.
rp
f
pp
cres.
dim.
rp
dim.
pp
(R. M.) (S. C.)

cres.
cres.
ff
ALLEGRO APPASSIONATO.
Con moto ed agitato.
N.º 238.
mf
p
dim.
p
pp
pp
cres.
cres.
volti subito.
(R.M.)  (S.C.)

con espresione.
p
p
sf
dim.
sf
dolce.
p
sf
sf
'pp
pp
pp
p
pp
pp
dim
pp
(R. M.) (S. C.)

pp
cres.
cres.
f
f
mf
f
f
f
p
f
pp
pp
cres.
f
cres.
cres.
f
cres.
ff
ff
ff
ff
(R. M.) (S. C.)

MINUETTO.

N.º 239.
Alló decisa.
1.ª  2.ª
dim.
p
f
fine
TRIO. dolce e legato.  (più piano ancora la 2.ª volta che la 1.ª)
pp
pp
(R. M.) (S. C.)

cres.
pp
mf
pp
mf
pp
pp
pp
p
PP legato.
c
rfp
ppp
D.C. al minuetto
e senza replica.
D.C. al minuetto
e senza replica.
(R. M.) (S.C.)

AIR VARIÉ.

N.º 240.

(R.M.) (S.C.)

1re VARIATION.
mf
p
pp
mf
mf
p
mf
p
mf
mf
p
(R.M.) (S.C.)
Volti subito.

2ᵐᵉ VARIATION.

dim.
mf
cresc.
2ª
1ª
p
f
(R. M.) (S.C.)

# FUGUE.

dim.
f
p
cresc. f
cresc.
p
cresc.
cresc.
f
f.
cresc.
ff
dim.
pp
cresc.
ff
dim.
pp

214
dim
pp
pp
pp
dolce.
pp
pp
pp
pp
ff
fff
ff
fff
(R.M.)(S.C.)

And.te
N.º 242.
And.te
pp
p
cresc.
f
pp
dolce.
p
cresc.
f
pp
p
pp
f
mf
p
p
pp
dim.
cresc.
ff
pp
rall ff
cresc.
f
ff
pp
cresc e rall.
ff
pp
cresc e rall.

VALSE (¹)

(¹) Nous avons tâché de réunir dans cette leçon tous les rythmes les plus usités dans un mouvement de valse.
(R.M.) (S.C.)

cresc.
dim.
p
dim.
mf
cresc.
p
f
p dolce.
cresc.
f
Volti subito.
(R.M.)(S.C.)

dolce.
p
pp
cresc.
cresc.
p
p
p
risoluto.
ff
ff
risoluto.
ff
leggiero.
p
pp
(R.M.)(S.C.)

leggiero.
pp
ppp
cresc.
cresc.
dim.
dolce legato.
p
p
cresc.
dim.
p
p
(R.M.)(S.C.)

ÉTUDE DE TRIOLETS ACCOMPAGNÉS PAR UN RHYTHME BINAIRE.
Allo. molto.
No 244.
leggiero.
Allo. molto.

cresc.
f pp
cresc.
cresc.
cresc.
ff
ff
(R.M.)(S.C

(1) Les virgules placées au-dessous du chant indiquent des respirations qu'il ne faut prendre que la 2.de fois des reprises.

(R.M.)(S.C)

pour finir
pour finir
f
TRIO.
P dolce.
PP
Da Capo.
Da Capo.
(R.M.)(S.C)

# ÉTUDE DE LA MESURE À 5 TEMPS.

La mesure à $\frac{5}{4}$, que l'on ne rencontre du reste que très-rarement, n'est autre chose qu'un composé des mesures à $\frac{3}{4}$ et à $\frac{2}{4}$ alternant successivement entr'elles [1].

N° 246.

BOIELDIEU, dans la Dame blanche. — F. HALÉVY, dans son opéra de Jaguarita, ont fait un emploi très heureux de cette mesure à 5 temps.

SALTARELLA.
Allº molto.
Nº 247.
pp
ff
pp
ff
pp
ff
pp
ff
pp
ff
pp
(R. M.) (S. C.)

cresc.
p
cresc.
f
p
cresc.
f
ff
mf
p
sf
sf
sf
sf
sf
sf
f
(B. M.) (S. C.)

sempre diminuendo.
sempre diminuendo.
pp
pp
ff
ff
f
f
p
p
f
p
ff
f
ff
(R. M) (S. C)

# ALLEGRO FEROCE.

D.C.
D.C.
(R.M) (S.C)

## ÉTUDE DES APPOGGIATURES, GRUPPETTOS etc.

MÉLANGE DES SIX MESURES À $\frac{2}{4}$, $\frac{3}{4}$, C, $\frac{6}{8}$, $\frac{9}{8}$ ET $\frac{12}{8}$.

Lorsque la queue d'une petite note est traversée par une barre (comme de cette manière ♪ ou ♪) cette petite note doit se faire avec une telle rapidité que l'on ne peut en prononcer le nom et que cela ne deviendrait possible qu'en vocalisant au lieu de solfier: Cet ouvrage ne contiendra donc aucun exemple de petites notes brèves. Mais lorsque les petites notes sont écrites avec des queues non barrées on leur donne généralement la valeur qu'elles indiquent (et même parfois une valeur plus grande encore) en diminuant d'autant la grosse note qui suit si la petite note est avant ou celle qui précède si la petite note vient après. Les petites notes, rendues plus longuement, peuvent alors se solfier et ce sont les cas de ce genre les plus fréquents que nous avons cherché à résumer dans la leçon suivante [1].

[1] La bonne interprétation des petites notes demande du reste un sentiment musical qu'une grande expérience peut seule développer: aussi n'avons-nous placé ici cette leçon que comme une sorte de spécimen des notes d'agrément et pour ne rien omettre, autant que possible, de toutes les matières que doit comporter un ouvrage comme celui-ci.

[2] Lorsque l'élève se sera bien rendu compte de cette indication, il sera bon de lui faire copier cette leçon en supprimant la seconde ligne afin qu'il puisse redire ce morceau en n'ayant sous les yeux que la notation de la ligne supérieure.

(5) Quelle que soit la mesure indiquée, chaque temps doit avoir une même durée.

(R. M) (S. C)

mf
f
pp tremolo.
p
dim.
dim.
(B. M) (S. C)

dim.
dolce.
dolce.
dim.
dim.
cresc.
f
f
f
p
p
p
pp
p
p

dim.
dim.
dim.
(R. M) (S. C)

(1) Quelle que soit la mesure indiquée, la durée du temps doit toujours être la même.

cresc.
Largamente.
f
cresc.
f
dolce.
p
p
p
p

Ben marcato.
f
marcato
f
f marcato.
cresc.
cresc.
ff
ff
pp
pp
p
p
(R. M.) (S. C.)

marcato.
marcato.
f marcato.
sempre f
cresc.
Imp. Marguerdat, à St Règle (Indre et Loire)
fin de la 2e Partie.

# TROISIÈME PARTIE

## 1er LIVRE [1]

### LECTURE DES 4 CLEFS D'UT ET DES 2 CLEFS DE FA.—PRÉPARATIONS AUX CHANGEMENTS DE CLEF.

#### LEÇONS PROGRESSIVES POUR L'ÉTUDE DE LA CLEF D'UT 4ᵐᵉ LIGNE.

(1) On ne travaillera ce Livre qu'après avoir complètement terminé l'étude des principes théoriques contenus dans la 1ʳᵉ Partie de cet ouvrage.

240
dim.
Allegretto. con delicatezza.
Nᵒ 252.
cresc.
(R. M) (S. C)

mf
FIN. dolce.
FIN.
D.C.
(R.M) (S.C)

Tempo di Valzere.
N 255.
P dolce.
p
mf
p
dim. , dolce.
pp
pp
pp
mf
mf
p
>  , mf
>
, cresc.
cresc.
pp
cresc.
>
>
(R.M) (S.C)

Allo. modto.
No. 254.
f risoluto.
cresc.
ff
f
(R.M)  (S.C)

And.te
N.o 255
p
cresc
f
dolce legato.
mf
cresc
f f
p
(R.M) (S.C)

dim.
Allo giocoso.
No 256.

p
mf
cresc.
ff
cresc.
cresc.
ff
(R. M) (S. C)

# PREMIÈRE PRÉPARATION AUX CHANGEMENTS DE CLEFS [1]

## LEÇON SUR LES CLEFS DE *SOL* 2ᵉ LIGNE ET D'*UT* 4ᵉ LIGNE.

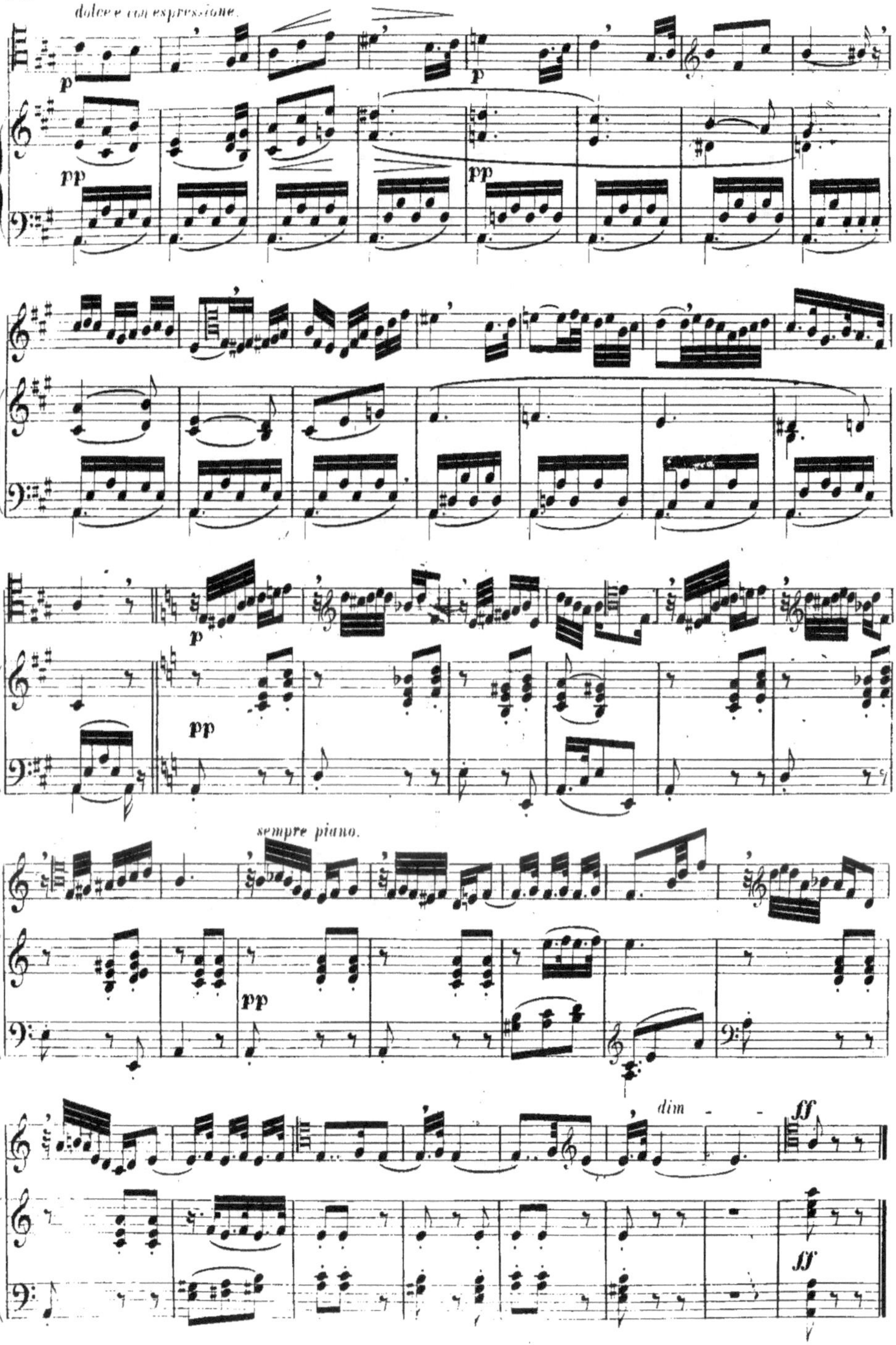
dolce e con espressione.
p
pp
sempre piano.
dim
ff

sol la si ut ré mi fa sol la si ut ré mi fa sol la si ut
Andantino.
N.° 258.
mf legato e con espressione.
p
un po' cresc.
sf p
p
sf p
VAR:
dolce
p
pp
mf
f
p
cresc.
p
mf
cresc.
p
mf
PP volti subito.

legato.
p
dim.
pp dim.
dim.
pp
dim.
pp
dim.
Andante.
N° 259.
p
p
mf

dolce.
p
dolce.
pp
cresc.
pp
cresc.
f
pp
dolce.
f
pp
cresc.
cresc.
f
ff
ff

Allegretto.
leggiero.
N. 260.
p
pp
pp
pp
cresc.
p
leggiero.
cresc.
p
p
p
pp
p
pp
cresc.
p
pp
cresc.
p
f
ff
f
f
f
p
p
cresc.
ff
f
(R. M.) (S. C.)

Moderato.

N.º **261.**

(1) Nous prions M.ᵉˢ les Professeurs d'accompagner cette leçon comme cela est indiqué, c'est-à-dire en n'exécutant sur le piano que la partie donnée comme *basse*, sans doubler sur l'instrument le chant dont l'élève doit trouver de lui-même le nom, l'intonation et la valeur des notes.

Tempo di marcia.
N. 262
dolce.
p
pp
cresc.
cresc.
cresc.
cresc.
(R. M.)  (S. C.)

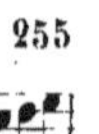

Allo molto.
N.º 263.
255
P. leggiero.
pp
pp
pp
cresc.
FIN.
f
p
FIN.
p
cresc.
cresc.
f
(R. M.)  (S. C.)

## 2ᵐᵉ PREPARATION AUX CHANGEMENTS DE CLEFS.

LEÇON SUR LES TROIS CLEFS PRÉCÉDEMMENT APPRISES.

N.° 264.

LEÇONS PROGRESSIVES POUR L'ÉTUDE DE LA CLEF DE FA 3e LIGNE.
la si ut ré mi fa sol la si ut ré mi fa sol la
Modto
No 265.
p simplice.
p
mf
mf
mf
p
p
23      3           13    3                    cresc.
mf        f
rall.        a tempo.    dolce.
dim.

N.º 266.
Allº. ben modº
ff deciso.
259
1ª
2ª
FIN
dolce
pp
D.C. senza replica
ff deciso
p
pp

260
N.° 267.
And.te non troppo.
And.te non troppo.
p
p
f
f

Allᵗᵗᵒ
legato
Nᵒ 268.
Allᵗᵗᵒ
p
pp
pp
un pò cresc.
un pò cresc.
p
p
p
mf
mf
f

Nº269.
Allegro.
leggiero.
(R. M.) (S. C.)

# 3me PRÉPARATION AUX CHANGEMENTS DE CLEFS.

LEÇON SUR LES 4 CLEFS PRÉCÉDEMMENT APPRISES.

ff
pp
cres.
cres.
cres.
un pò cres.
un pò cres.
pp
f
p
p
cres.
f
pp
ff
ff
(R. M.) (S. C.)

sol la si ut ré mi fa sol la si ut ré mi fa sol

Andantino.

Nᵒ 271.

p dolce.

p

p

p

p

dolcissimo.

pp

cres.

m.d.

pp

pp

p

pp

p

f

pp

f

R.M.   (S.C.)

Allº non troppo.
Nº 272.
espressivo.
dim.
cres.
cres.
mf
p
R. M. (S. C.)

Allegretto.
N° 275
p
PP.
p
pp
pp
p
p
p
pp
p
PP
PP
dim.
pp
(R. M.)   (S. C.)

Ben moderato.
N.º 274.
mf
p
Cantabile.
f
p
mf
p
dolce.
p
(R. M.) (S. C.)

All°.agitato.
N.° 275.
mf
p
mf
cres.
cres.
cres.
f
f
ff
R. M. (S. C.)

# 4ᵐᵉ PRÉPARATION AUX CHANGEMENTS DE CLEFS.

LEÇON SUR LES CINQ CLEFS PRÉCÉDEMMENT APPRISES

All°. moderato.

N° 276.

mf
p
cres.
ff
f
ff
(R. M.) (S. G.)

ré mi fa sol la si do ré mi fa sol la si do ré mi fa
Adagio.
N° 277.
p
pp
p
mf
mf
cresc.
cresc.
f
f
dim.
dim.
p
p
dolce.
pp
mf
mf

cresc.
f
cresc.
f
dim.
p
dim.
p
p
p
pp
pp

N° 278.
Moderato.
pp dolcissimo.
pp
mf
p
mf
p
mf
mf
p
pp
pp
(R. M.)   (S. C.)

mf
mf
p
mf
p
p
pp
pp
pp
(R. M.) (S. C.)

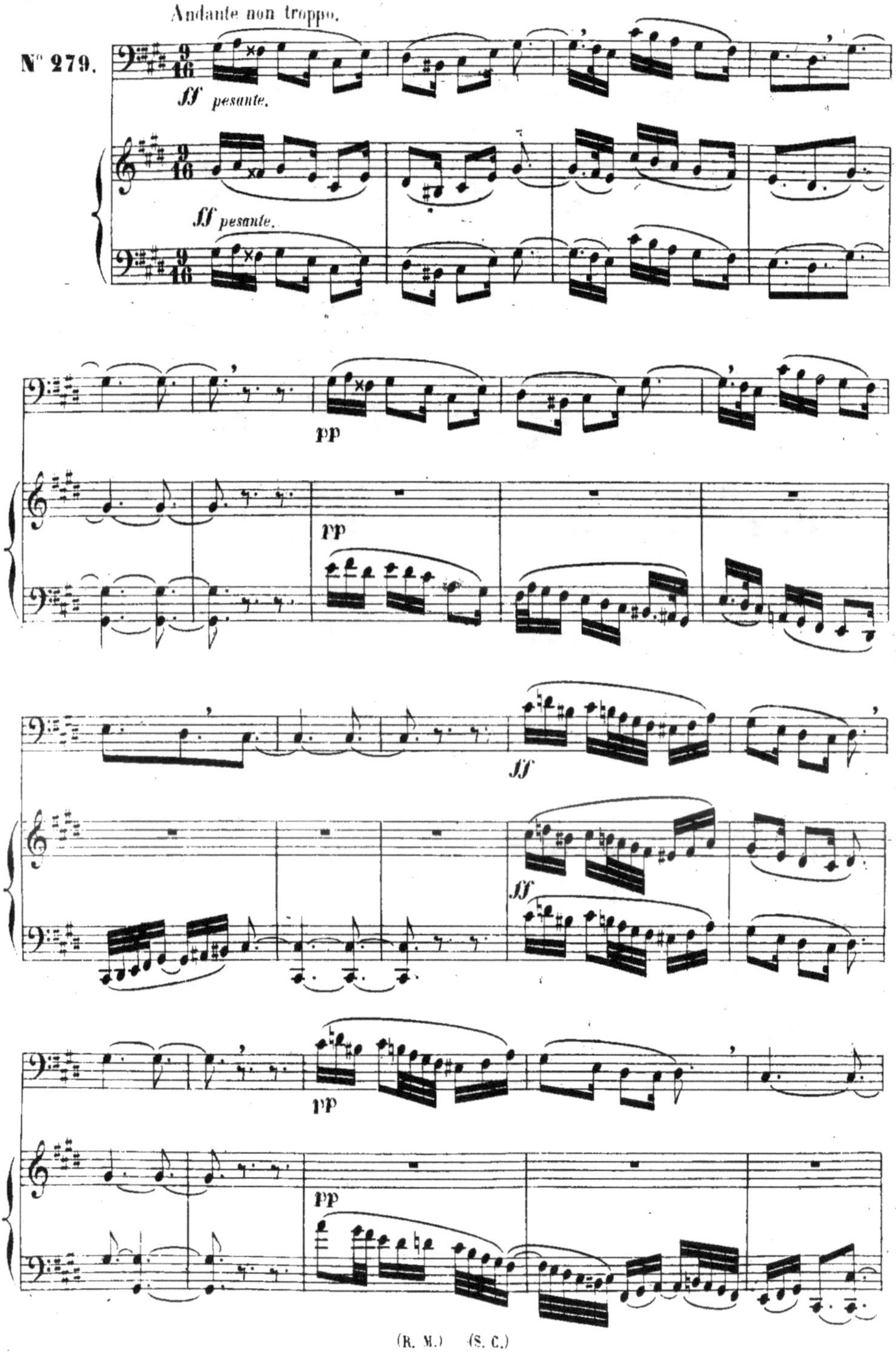
Andante non troppo.
N° 279.
ff pesante.
ff pesante.
pp
pp
ff
ff
pp
pp

ff pesante.
ff pesante.
(R. M.) (S. C.)

FUGA.

N° 281.
Andantino.
p
pp
P con delicatezza.
(R. M.) (S. C.)

rall _ _ _ _ a tempo.
p
colla voce. _
pp
(R. M.)   (S. C.)

N° 282.

Allegro agitato.
p
cresc.
cresc.
f
f
ff
p
mf altieramente.
mf
(R. M.) (S. C.)

p
p
p
cresc.
cresc.
f
f
ff
ff
(R. M.) (S. C.)

# 5ᵐᵉ PRÉPARATION AUX CHANGEMENTS DE CLEFS

LEÇON SUR LES SIX CLEFS PRÉCÉDEMMENT APPRISES

Allᵗᵗᵒ semplice.

Nᵒ 283.

mf
p
3.ᵉ VARIATION.
p
p
p
p
p
cres.
f
cres.
ff
cres.
f
cres.
ff
(R. M.)   (S. C.)

mi fa sol la si ut ré mi fa sol la si ut ré mi
Allº non troppo.
Nº 284.
p
p
dolce.
pp
pp

cres.
f
p
p
f
p
pp
pp
pp

MÉLANGE DES MESURES À $\frac{3}{8}$, $\frac{6}{8}$, $\frac{9}{8}$ ET $\frac{12}{8}$

mf
p
mf
p
dim.
(R.M.) (S.C.)

Prestissimo.
N.º 286.
p leggiero.
p
cres.
cres.
cres.
cres.
f
f
(R.M.) (S.C.)

f p
p
cres.
cres.
p
cres.
cres.
f
f
ff
ff
(R. M.) (S. C.)

And.te assai
N.o 287.
p

cres.
p
p
cres.
dim.
p
dolce.
dim.
mf
dim.
mf
p
dim.
p
(R. M.)    (S. C.)

235
N.º 288.
All.º molto.
p scherzando.
p
cres.
cres.
pp
cres.
pp
cres.
(R.M.) (S.C.)

grazioso.
FIN.
f
p
FIN.
leggierissimo
(R. M.) (S.C.)

Allº vivace assai.
Nº 289.
f
(R.M.)  (S.C.)

297
sf sf
sf sf
FIN. pp leggiero.
sf sf
FIN
3
pp
sf sf
pp
pp
pp
pp
(R. M.)    (S. C.)

Moderato.
N.º 290.
p
p
(R.M.)  (S.C.)

cres.
cres.
f
f
(R. M.)   (S.C.)

# 5ᵉ PARTIE — 2ᵐ Livre.

## ÉTUDE DES CHANGEMENTS DE CLEFS

10 LEÇONS PROGRESSIVES, VARIÉES DE STYLE, DE MESURES, DE TONALITÉ, ET OFFRANT
CHACUNE L'EMPLOI ALTERNATIF DE TOUTES LES CLEFS.

(R. M.) (S. C.)          Paris, MARGUERITAT, Édᵉ Mᵈ d'Inst. Bᵈ Bonne Nouvelle, 21.

dim.
p
dim.
p
pp
pp
mf
mf
p
pp
pp
cresc e sostenuto.
ff
pp
p
ff
pp

Allo modto

N° 292

p
p
f
fp
fp
p

cresc.
p
cresc.
f
f
(R.M) (S.C)

CANON À L'OCTAVE.

N.º 295.

Allo.
N.º 294.
p
p
mf
mf
dim.
p
rp
rp
cresc.
cresc.
ff
ff
(R.M) (S.C)

p
p
pp
pp
cresc.
cresc.
ff
ff
(R.M) (S.C)

310
Allᵗᵗᵒ
Nᵒ 295.
(R. M)(S.£)

p
mf
p
mf
p
pp
p
rp
cresc a poco a poco.
en pressant un peu.
cresc a poco a poco.
en pressant un peu.
Allo. giocoso.
f
ff
f
ff Allo. giocoso.
(R. M. S. C.)

312
And.te
N.º 296.
pp scherzando.
pp
mf
mf
cresc.
cresc.
dim.
pp dolce e legato.
mp
(R. M) (S.C)

315
scherzando.
p
p
p
pp
pp
mf
mf
senza cresc.
senza cresc.
p
p
ff
ff
(R. M) (S.C)

Mod.to assai.
largamente.
N.o 297.
f
(R. M) (S.C)

Più mosso.
Più mosso.
cresc.
cresc.

THÊME VARIÉ.
All.º modᵗᵒ
N.º 298.
p
p

1ʳᵉ VARIATION.
2ᵉ VARIATION.
mf
p
p
p

sempre staccato.
cresc.
cresc.
(R. M) (S. C)

N.º 299.

f
P leggiero.
f p
mf
pp
mf
pp
p
p
(R. M) (S. C)

322
cresc.
cresc.
p cresc.
p cresc.
f
f
(R. M)  (S. C)

## RÉSUMÉ GÉNÉRAL.

LEÇON RÉUNISSANT L'EMPLOI DES 7 CLEFS, DES 24 MESURES SIMPLES ET COMPOSÉES ET MODULANT
SUCCESSIVEMENT DANS CHACUN DES 30 TONS MAJEURS ET MINEURS, POUR REVENIR
ENSUITE EN UT MAJEUR, TON PRIMITIF DU MORCEAU.

Les changements de clefs de cette leçon sont disposés de manière à présenter toutes les relations possibles des clefs entr'elles;c'est-à-dire que chacune des 7 clefs se trouve alternativement précédée ou suivie de toutes les autres.

(1) Quelle que soit la mesure indiquée, la durée du temps doit toujours être la même.

(R. M)   (S. C)

324
mf
mf
grave e sostenuto.
sf
sf
sf
dolce e legato.
pp
pp
p
p
(R. M)  (S. C)

p
p
p legato.
cresc.
dim.
(R. M) (S. C)

mf
p
mf
p
p
p
p
p
p
mf
mf
mf
(R. M) (S. C)

p
p
grave e sostenuto.
ff
ff
sf
sf
sf
pp e legato.
pp
cresc.
dim.
(R. M.)   (S. C.)

p
dolce e ben legato.
pp
pp
mf
mf
ff grave e sostenuto.
ff

dolce e legato.
sf
pp
pp
p
p
p
p
(R. M.)   (S. C.)

p legato.
dim.
mf
p
p
p
p
(R.M.) (S.C.)

cres.
p
mf
p
mf
p
p
p

un peu plus vite.
mf
p
dolce
un peu plus vite.
mf
sempre p
dim.
f
dim.
dim.
f
ff
ff
(R. M.) (S. C.)
Imp. Marguerite

# TABLE DES MATIÈRES

# DEUXIÈME PARTIE.

### (LEÇONS VOCALES SUR LA CLEF DE SOL 2ᵈᵉ LIGNE.)

# TROISIÈME PARTIE.

### (LEÇONS VOCALES SUR TOUTES LES CLEFS.)



## FIN DE LA TABLE.

9 782329 318929